設限與管教

瑪德葛伯教你允許孩子犯錯的勇氣

珍娜·蘭斯柏 Janet Lansbury —————— 著

筆鹿工作室 —————— 譯

目錄

推薦序　留佩萱

前言

【第一章】沒有壞孩子——幼兒守規矩無關羞恥……17

【第二章】為什麼幼兒要測試大人的底線？……23

【第三章】與幼兒說話……31

【第四章】寶寶守規矩：個人對個人……36

【第五章】幼兒對界限的需求……44

【第六章】合作的關鍵……50

【第七章】不要轉移孩子注意力的五個理由（以及可用什麼方式來取代）……56

【第八章】為什麼孩子不聽從我們的指示……63

【第九章】孩子做不了的選擇……69

【第十章】「不」的力量……75

【第十一章】不要用計時器……80

【第十二章】臨危不亂……85
【第十三章】孩子吵鬧時我還能保持冷靜的祕密……92
【第十四章】孩子為什麼鬧脾氣……96
【第十五章】咬人、打人、踢人……99
【第十六章】食物大作戰……107
【第十七章】頂嘴的嬌蠻小兒……114
【第十八章】不再覺得受孩子威脅……120
【第十九章】不要抗拒孩子的感受……125
【第二十章】發脾氣的療癒能量……129
【第二十一章】家有新生兒症候群……133
【第二十二章】常見限制誤區……141
【第二十三章】不吼不叫，設定限制……145
【第二十四章】恐嚇的真相……152
【第二十五章】讓孩子擺脫界限不清的困惑……158
【第二十六章】如何作一名溫和的領導者……164

【第二十七章】溫和管教沒有用的時候……173
【第二十八章】教養倔強的孩子……179
【第二十九章】當尊重變為放縱……182
【第三十章】無內疚管教法（一個成功的故事）……190
【第三十一章】尊重的教養不是被動式管教……193
【第三十二章】付諸行動的溫和教養……200
【致　謝】……206
【建議書單】……208

推薦序

調整視角，就能看見不一樣的孩子

留佩萱（美國心理諮商師，美國賓州州立大學諮商教育博士候選人）

台灣的市面上充斥著各式各樣的教養守則，教導家長如何用各種花招與祕訣來讓孩子聽話——有人崇尚「適當的體罰」、暫時隔離（time-out）、獎懲制度、轉移孩子的注意力、或是其他操控孩子的策略。在美國加州長期開設嬰幼兒親子教室的珍娜．蘭斯柏，用她多年來教育和諮詢家長的經驗來告訴讀者：請把這些速戰速決的花招都丟掉！你需要的是尊重與了解孩子，這也是「嬰兒教養者資源」（Resources for Infant Educarers，簡稱 RIE）的最主要原則。

愛孩子是尊重與了解，理解剛出生的嬰兒就是一個完整的人——能夠有感受和情緒、能夠表達自己的需要。家長要仔細傾聽觀察孩子、尊重嬰幼兒的需求，並且了解孩子的某些行為可能是因為身心發展還尚未成熟所造成。譬如，孩子因為大腦前額葉還在發育，而大腦前額葉是掌管思考以及情緒調節的區域，所以家長當然不能要求孩子能夠像成人一樣好好掌控自己的情緒。另外，年幼的孩子很多時候出現情緒失控或是鬧脾氣的原因是因為肚子餓、血糖低、或是疲倦想睡覺，所以當你帶著孩子東奔西跑了一整天後，孩子可能會因為身體太累而出現問題行為，這些都是很正常的。

了解這些原因不代表放縱孩子，而是當孩子出現鬧脾氣等行為時，你可以換個視角看待孩子的問題：知道孩子需要幫忙，而不是把孩子貼上「壞」的標籤。知道孩子需要幫忙而不是故意搗蛋，家長也比較能夠調整自己生氣或受挫等情緒。

這就是這本書要講的——當你調整了看待孩子的視角，你的眼裡就不會有「壞孩子」。珍娜·蘭斯柏在這本書中提供了她長期以來在親子教室課程中碰到各種孩子行為脫序的例子，來告訴家長如何調整看待孩子行為的視角。而這本書讓我更喜歡的地方，是她還在書中放進了各個家長與她通信詢問教養問題的信件內容。每一封信件都是家長對於孩子的行為苦惱地不知道該怎麼辦，而珍娜．蘭斯柏總是能夠點出教養上的重點，然後給家長實用的建議，而她所提倡的RIE教養法，讓許多家長改變了和孩子的相處模式——改變看孩子的視角後，就能解決那些棘手的問題。

教養孩子總是充滿挑戰。每個孩子都不一樣，沒有一種教養策略能夠適用於每一個孩子。家長與孩子間最重要的是建立「連結」（connection），這份愛與信任來自於同理、接納、尊重與了解，這也是RIE最重要觀念——把孩子當成一個完整的人，然後尊重孩子。坊間許多教養策略像是體罰、隔離、獎懲制度、甚至是吼罵威脅孩子，這些方式不但破壞家長與孩子間的連結，還剝奪了讓孩子在衝突或是犯錯中學習的機會。藉由這本書，我邀請大家把這些教養花招通通先放在一旁，從尊重與了解孩子開始。換個角度看待，就沒有壞孩子。

前言

談到守規矩，各式各樣的專家意見便會如潮水般湧來，有的令人費解，有的前後矛盾，有些則根本不可能遵守。家長是否應該打孩子屁股、討好、獎勵、忽視、警告或是隔離孩子？溫和的規則是否意味著讓孩子當老大？家長應不應該利用威脅、分散注意力、打賭、獎懲表、計時器、數到三或一個有效的「瞪視」來管理孩子？

難怪許多家長都感到困惑、沮喪和麻木；難怪家長會覺得自己失去信心、耐性。

其實大可不必如此。

不像大多數著名兒童發展專家所提出關於守規矩的理論，多年來我在親子教室裡，將理論付諸實踐。我親眼目睹了（超過一千次）實際有效與完全沒用的介入和反應，以及偶而有用一、兩次，但最終卻演變成更大的權力爭奪，或破壞了孩子與父母間的信任。

幼兒特別喜歡測試大人的底線。他們必須積極去學習和探險，才能有與年齡相稱的發展。這是一種深度綜合情緒的自然表達，他們要努力變得更加自主。成功的指示可以為兒童提供成長所需的安全和舒適。只要界限確實存在，兒童就不需要經常測試。他們會相信父母和照顧者，因此，他們也會相信自己的世界。他們會覺得更自由、更平靜，可以專注於重要的事：玩遊戲、學習、社會化，做一個無憂無慮的快樂小孩。

父母設定限制以後，在情緒上難免會隨時想偵測孩子的反應。此時如果缺乏信心，失去透徹的判斷，無法控制自己的脾氣，或變得搖擺不定、緊張、疲憊、挫折，都將會擾亂孩子，很有可能讓孩子出現更多不良行為。對孩子來說，父母就像神一樣，所以父母的感受會帶給孩子很大的影響。若能理解這一點，就不難明白，為何對於孩子守不守規矩的爭執，會變成令人沮喪的惡性循環。

在我眼裡沒有壞孩子，孩子都很容易受到周遭影響，他們會感到很矛盾，在情緒與衝動之間不斷角力，以他們所知道的唯一辦法，試圖傳遞自己的感受和需求。我們把他們標上「壞」的標籤，是因為我們沮喪、困惑，被他們的行為冒犯，但這對孩子來說是很大的傷害，是一種負面的標籤，總有一天他們也會跟著相信自己真的是那麼惡劣不堪。

我的教養哲學和我對兒童的認知，以及我們父母與孩子的關係，都是受到亦師亦友的兒童專家——瑪德・葛柏（Magda Gerber）的影響。通過瑪德以及她所成立的RIE協會（Resources for Infant Educarers 嬰兒教養者資源），我釐清了身為母親的角色，發展出尊重、踏實、有效的教養法則，同時身為一名老師兼作家，我已將這些方法與數百萬人分享。

RIE的教養核心，有一個最基本的概念：

嬰兒是一個完整的全人，能夠感受、覺知，有天賦能力，善溝通。嬰兒是天生的學習者、探索者、科學家，能夠測試假說，解決問題，了解語言和抽象的概念。

這些並非來自傳統一般教養的價值觀，而是臨床和科學發現，以及發表過的研究*證實，嬰幼兒具有驚人的能力。但在五十多年前，瑪德・葛柏早已經發現了。

雖然如此，我們仍認為嬰幼兒腦袋空空，不懂也不能理解我們，或與我們溝通。結果我們無視孩子的發展，卻希望孩子能夠處理成人的狀況（例如陪大人血拼大採購一整個下午），擁有成熟度與自我控制情緒的能力。這些不正確的看法，將導致家長走向徒勞無功的方向，特別是在有關守規矩的紀律問題上。

想要孩子守規矩，最終極的祕密就是拋棄那些速戰速決的祕訣和花招，以及其他所有操縱策略，你只需要真誠坦率地面對孩子（真是了不起的理念）。這是ＲＩＥ教育中最基本的尊重程度，請盡情敞開心胸，擁抱ＲＩＥ教育。

這本書是集合我關於一般幼兒行為的文章，告訴父母，尊重的教養方式，對親子雙方皆有益。書中涵蓋有一般性議題，包括處罰、合作、界限、測試、發脾氣、打人等。

我很榮幸地收到家長們源源不絕的來信，詢問和關心守規矩的紀律問題，這些充滿關愛的父母，都是為了孩子著想，想知道如何給孩子健康的限制，使孩子能夠更願意合作。其中很多人都是已經費盡心思，束手無策，渴望得到一個答案。

其他信件則通常能照亮我每一天，這些信都描述著各家的成功故事，寫到了幼兒陷入的兩難困境，以及父母如何處理這些問題，將尊重孩子的照顧守則付諸行動。在本書中，我收錄了幾封這樣的信，以及我對這些案例光輝、相關性與鼓勵的回應。

我希望這本書可以提供給父母一個實用的工具，去參與和經驗幼兒發展的關鍵時期，在成長過程中，幼兒們會考驗我們耐心和愛心的極限，這是很理所當然的。透過孩子的雙眼，我們可以得到知識，對於世界有更好的理解。這個時期的不確定性，足以提供我們無數的機會，為與孩子間建立起信任、尊重與愛，造就堅不可摧的連結。

---

* 高普尼克，艾莉森。（2010 年 7 月）。〈嬰兒怎樣想〉，《科學美國人》雜誌，76-81 頁（Gopnik, Alison. (July, 2010). How Babies Think. Scientific American, 76-81）。

【第一章】沒有壞孩子——幼兒守規矩無關羞恥

幼兒的脫軌行為並不可恥，也不需要處罰。他們只是想吸引關注而哭泣，或是想要睡覺而胡鬧，或是提醒父母的行動要更堅定，限制要更有一致性。這是寶寶在測試自己剛萌芽的獨立性，他們有不可壓抑的衝動，想要掙脫界限，同時也迫切想要知道自己是安全無虞、沒有越界的。

孩子需要守規矩，這是毋庸置疑的。嬰兒專家瑪德・葛柏說：「孩子不守規矩，不代表父母慈愛，而是疏忽。」

重要的是健康而有效的管教。幼兒期是磨練父母教養技巧的完美時期，這將可以讓自己在未來以誠實、直接、富有同理心的方式來領導孩子。以下是一些指導原則：

1. **開始的時候，要在幼兒熟悉的環境，給他們實際且具體的期望。**讓幼兒熟悉日常慣例，並使寶寶能參與其中，這就是管教的開始。對嬰幼兒來說，家裡是生活的理想場所。當然，偶而我們出門辦事時必須把孩子帶在身邊，但是我們不能指望一個嬰幼兒在晚宴中，或是逛購物中心一整天後，或是整天照表上課之後，還能有什麼傑出表現。

2. **不要害怕，也不要責怪自己。**當幼兒在我的課堂上失控，父母經常會擔心孩子可能變成小混球，霸凌別人，或是過動兒。父母投射出的這些恐懼，將可能會造成孩子在心中內化自我成為負面人物，或多少接收到父母的緊張，結果往往加劇了不當行為。

不要標籤孩子的行為，相反地，應該要學會在孩子錯誤行為萌芽之際，先若無其事地遏止。如果孩子把球丟到你臉上，先忍下來，孩子這麼做並不是因為討厭你，他不是壞孩子，他只是在以幼兒的方式試探著他應該要有卻沒有得到的限制。

3. **在當下從容反應，表現得像個CEO。**設定界限的時候，需要花點時間找到適當的口吻。近來我一直在給這麼做的家長加油打氣，我教他們想像自己是一間大公司的CEO，而孩子則是崇敬CEO的部下。CEO會有自信地糾正錯誤，有效率地下達指令。CEO不會用不確定或質疑的口吻下指令，也不會生氣、發脾氣。

我們的孩子需要覺得，我們並不是在擔心他的行為，或是有兩套標準。父母能從容掌握場面，孩子就會安定。

訓斥、情緒化反應、斥責和處罰，並不會帶給孩子他們所需要的清楚明瞭，反而會製造內疚和羞辱。簡要的就事論事：「我不會讓你那麼做，如果你再扔，我會把它拿走。」並伸手阻止孩子的行為就是最好的反應。但反應必須要快，一旦錯過時機，便是為時已晚，只能等待下一次機會！

4. 以第一人稱說話。家長經常會養成習慣，自稱「媽媽」和「爸爸」。幼兒期的孩子，正是學會使用第一人稱的時期，因此要以最直接、最坦白的方式來溝通。幼兒透過測試界限來認清規則。如果說「媽媽不希望艾瑪打狗」，這並沒有直接給孩子所需要的互動（是要說「我」及「你」）。

5. 不要用「暫時隔離」這種方法。我總是想起瑪德・葛柏模仿她祖母的匈牙利口音問我們：「暫時隔離（time out）是隔離什麼？隔離一輩子嗎？」

瑪德是直截了當的信徒，她相信親子之間的言語要坦誠。她不相信「暫時隔離」這種噱頭，尤其是控制孩子的行為或處罰孩子。如果孩子在公共場所的行為不妥，通常表示孩子已經累了，因此才會失去控制，此時就必須離開。

在這種情況下，即使小孩亂踢亂叫，也要把小孩抱到車上回家，這才是尊重孩子的處理問題方式。有時孩子在家裡鬧脾氣，就必須帶孩子回到房間關起門來，這時大人必須一起在房間裡陪伴，等待孩子恢復自我控制能力。這不是處罰，而是關心。

6.**後果**。當一個三歲孩子自然經驗到自己行為的後果，就能學會守規矩。這時如果用的是暫時隔離這種處罰，只會讓他與自己的行為脫離。孩子亂丟食物，表示用餐時間結束；如果孩子不肯穿好衣服，那今天就不去公園。父母的這些反應，會使孩子感受到公正中立性。或許孩子仍可能會對後果產生負面反應，但不會覺得被操縱或是被羞辱。

7.**孩子要哭就哭，不需要守規矩**。孩子需要守規矩，但他們對於我們所設下的界限或規則等等，會產生情緒反應，這些情緒應該被允許，甚至還要鼓勵孩子表現這些情緒。

幼兒期的情緒可能很強烈，甚至出現衝突的感情。孩子可能需要表達憤怒、挫折、困惑、疲憊和失望，特別是因為我們設定了界限，使他們得不到他們想要的。孩子需要能夠安全表達情感的自由，不受我們的批判。若孩子需要打枕頭，就拿給他一個。

8. **無條件的愛**。管教孩子守規矩的時候，若收回我們的關愛，等於是在告訴孩子，我們的愛與支持會瞬息萬變，會因為他暫時的行為不檢而瞬間蒸發。這樣一來，我們要如何培養孩子的安全感？

美國教育家艾菲・柯恩（Alfie Kohn）在二〇〇九年於《紐約時報》發表了一篇文章〈有時家長說「我愛你」意思是「照我說的去做」〉（*When A Parent's 'I Love You' Means 'Do As I Say'*），探討這種條件式教養所造成的傷害。孩子會產生反感，不信任也不喜歡父母，還會感到內疚、羞愧，變得缺乏自我價值。

9. **絕對不要打屁股**。打屁股是最破壞親子關係的。打屁股會使得孩子產生暴力行為。專欄記者愛麗絲・帕克（Alice Park）在〈打屁股的長期影響〉（*The Long-Term Effects of Spanking*）文章裡面指出近來的研究報告：「……有強力證據顯示，孩子對打屁股的短期反應很可能會影響其造成長期的行為失控。在一個近二五〇〇名青少年的研究中，經常被打屁股的三歲孩子，到五歲時更有過動傾向。」

真正的愛不會故意給兒童帶來痛苦。但不幸的是，孩子往往學會愛與傷害兩者間互有關聯。

我們愛孩子，但這不代表無時無刻都要讓孩子快樂，且避免親子間產生權力鬥爭。而這表示，我們要做出全天下最困難的事：真心實意地向孩子說「不」。

孩子應該得到我們直接坦白的回應，他們才可以內化是非，並且發展真正的自律，尊重自己也尊重別人。如同瑪德在《親愛的父母：懷著尊重照顧嬰兒》（*Dear Parent-Caring for Infants With Respect*）一書中說：「管教的目的是養成內在的自律、自信與合作的喜悅」。

【第二章】為什麼幼兒要測試大人的底線？

即使是最通情達理的父母或照顧者，遭遇孩子測試底線的行為也會慌亂。為什麼我們**才**告訴心肝寶貝不要丟玩具，他就劈頭把玩具丟過來，還變本加厲，露出一抹奸笑，難道他天生邪惡？還是不能控制扔東西的技巧？還是他討厭我們……。

幼兒往往會以特殊的方式表達自己的需要和感受，他們很敏感，情緒強烈，極度無法控制衝動。不過幼兒也不了解自己為何會出現這些行為。希望這種說法能安慰到各位父母。最簡單的解釋是，幼兒的前額葉發展還不成熟以及學步期的情緒變化，這兩者剛好撞在一起，就會出現上述情況。更簡單地說：孩子很容易受到影響而放大加強衝動。換句話說，你的孩子很可能知道，你不想要他打你或他的朋友、兄弟姐妹、寵物；也不想要他把食物、水灑在地板上；或是哀叫、尖叫，罵你「笨蛋」，只是他的衝動迫使他做了另一種選擇。雖然他訕笑，但並不是出於惡意。

規則一：永遠不要以為孩子測試底線的行為是針對你個人。

孩子對我們的愛、感謝和需要，說也說不完。請每日提醒自己這些真理好幾遍，直到你把這些都內化。父母對孩子測試底線的行為要有健康的認識，一開始這點非常重要。

請尊重孩子，了解孩子的發展階段，而不是受到相應於他們年齡的行為所反制。

幼兒之所以會測試大人底線，有幾個最常見的原因：

1. **SOS！功能失常**。幼兒似乎是地球上最後才會表達疲勞和飢餓的人。他們的腦袋似乎經過電腦程序化的壓榨，有時他們的身體還會占領腦袋，透過引人注目的行為，發送SOS的訊息給我們。

當我想到自己孩子測試我底線的行為，腦海中立即浮現的都是一些關於疲勞的例子：

從前在RIE上課的時候，一天，我幼小的兒子（他總是很有社交手腕）突然開始打人、推人。**啊哈，他累了，已經受夠了**。我告訴他我知道了，並很快帶著他離開：「我不要你打人。我想，你要我知道你累了，想要回家了吧？」

但後來我參與了和其他家長的討論，暫時忘記這件事，所以不意外地他又開始打人。哎呀，完全是我的錯。「兒子對不起，我告訴你我們會離開，卻又開始聊天。謝謝你提醒我，我們要走了。」

還有一次家庭旅遊，當時我四歲的女兒突然一反常態，對我母親說話很沒禮貌，我嚇了一跳（她怎麼可以這樣）。下定決心要冷靜以後，我介入調停：「我不准妳跟外婆這樣說話……我們現在要出去。」我請她去房間外面尖叫（雖然尖叫的是女兒，但我也很想叫一叫）。我把她帶到一個角落，在那裡她可以安全地向我發脾氣，這時我突然想到：我們已經跋涉了六、七個小時，她當然會精疲力竭，她只是以四歲孩子的方式讓我明白這件事。唉呀，我錯了。

我不知道我孩子不可理喻的行為發生過多少次，我才給他們吃完飯，二十分鐘後，他們突然又餓了。他們的一貫反應是：「剛剛我沒餓啊。」真是太沒天理了。自然的，只要談到愛情、戰爭、幼兒，哪有道理可言。

2. 請明確回答問題。孩子經常會測試我們的底線，那只是因為他們還沒有收到這個問題的明白答案：「如果我做這做那，你會怎麼反應？」然後，他們可能還需要知道，如果事情發生在星期一下午會不會有什麼不同？或是累的時候？還是我發脾氣的時候？如果我生氣，你的反應會不會不一樣？

因此，幼兒做的只是在持續測試我們的底線，為的是明白我們的領導（還有愛），弄清楚我們的期望和規矩，並了解他們可以施力的地方。我們家長的工作則是盡量平靜直白地回應。我們的反應當然會根據情況而有不同，但他們其實堅持想要證明，大人們完全不受他們行為的脅迫，我們有辦法處理，沒什麼大不了的。

3. 孩子胡鬧是為什麼？當父母失去冷靜，開始說教，過度指導，甚至於對孩子測試底線的行為**多說兩句**，都可能製造有趣的小戲碼，使孩子隨著你起舞。處罰和情緒反應會產生可怕、緊張、羞辱、罪惡感等等的故事情節。

當父母多說兩句有關孩子測試底線的行為，就算父母的態度再冷靜，也很可能會塑造出一個問題孩子的形象（但小孩只不過是把小妹妹抱得太用力），造成孩子認同這個形象，認為是他自己的問題，可其實他只是一時衝動，做過幾次暫時性的行為。

舉例來說，讓我們一起回到剛剛我女兒對外婆說話很不禮貌的例子。對我來說很清楚，她就是失控了，如果火氣是衝著我來，我的反應會小得多。與其冒著風險把孩子偶爾的尖叫和吵鬧，塑造為孩子的既定形象：「你笨死了」、「我討厭你」等等，相反地，我會解除這些行為的力量，沉著以對。

也許我會認同孩子：「你不想離開公園，我知道你很生氣，但那樣真的很掃興。」

永遠，永遠，永遠鼓勵你的孩子表達感受。

再者，孩子之所以三不五時用這些行為測試我們的反應，也很符合孩子年齡的作為，如果我們產生了反應，他們反而可能會得到鼓勵。

有時候，孩子知道自己只是在隨著編織的情節起舞，他們會笑，但這種笑只是不安、試探性的微笑，而不是快樂的笑。

4. **我的領導者是否有能力？**想像一下，如果你是一個二、三或四歲的孩子，不知道自己是否有個牢靠的領導者，這會多麼令人不安？最有力的領導者是滿懷信心，有幽默感，凡事安步當車。這需要練習——但是別擔心——孩子會藉由測試底線的行為，送給我們很多機會，直到我們把事情做對為止。如瑪德的建議：

> 「你和孩子都要知道什麼是重要的。如果你不清楚，孩子將會持續對抗，這會使你們作父母的更生氣。從這裡可以看見現存的衝突已導致憤怒、內疚和恐懼等不愉快的事態。矛盾的父母會讓孩子在成長上出現窒礙。」
>
> ——瑪德・葛柏，《親愛的父母：懷著尊重教養嬰兒》（Magda Gerber, *Dear Parent: Caring for Infants With Respect*）

5. **我有感覺**。孩子有時會不停測試父母的底線，他們會需要釋放內心所產生的感受和壓力。請信任這個寶貴的過程，平靜（但堅定）為孩子守住底線，並接受他們的感受，這是緩解這種測試底線最快、最健康的方式（詳情與案例請見第二十章）。保持一種「接納所有感受」的態度，可將測試底線的行為，在萌芽時期即消除。

6. **討好孩子的最好形式（在某種程度上）**。孩子是敏感的，容易受到影響，而父母對孩子的影響最大，孩子會學習父母的行為，並反映在自己的行為上。舉例來說，如果我們一把拿走玩具不讓孩子玩，孩子可能會有樣學樣，也去拿走朋友的玩具。當父母感受到壓力或是不高興的時候，特別是沒有放開心胸分享這些感受時，孩子很可能會表現得更加情緒不穩定。

7. **似乎是得到關心的最佳捷徑**。如果我們的關心無法給孩子帶來安慰或缺乏檢驗，或者我們對於孩子測試底線的各種行為已經擅自創造了許多具有說服力的小故事和戲碼，最後孩子可能會重複這些行為，以尋求負面的關心。

8. **最近你有跟我說你愛我嗎？**當孩子感到被忽略，或甚至只是覺得父母沒那麼喜愛自己，他們就會動搖而產生測試父母底線的行為，藉以表現出他們的害怕。撫慰的擁抱、親吻、說「我愛你」等當然有助於修補親子關係，但若要傳遞愛的訊息，最好還是透過我們耐心、同理、接納、尊重孩子的領導方式，以及我們誠摯關心、想要了解孩子的心意。

愛孩子，就是要了解孩子。

【第三章】 與幼兒說話

談到幼兒的時候，我們常會覺得他們好像是什麼特殊物種。在深度參與孩子的測試底線、情緒波動和崩潰（親子雙方都是）後，我們的確會深刻感受到自己似乎來到了外星領域。

不要害怕！幼兒只是混沌中的小人，由於生長太快速而容易失去平衡。雖然新能力和新成就使他們欣喜不已，但往往還是有很多做不到、說不出的事，所以感到很受挫。

下面是一些簡單的溝通調整，可以幫助孩子紓解挫折，培養信任感：

1. **正常說話**。孩子想要學習**我們的**語言。若希望一開始即為孩子建立正確的語言模型，就要避免說兒語，說話時句子要完整。對大人來說，這種說話方式也比較尊重和自然。我們可以注意縮短句子來增強孩子的理解力，說話速度也要放慢，說完每個句子後停下來等一等，這樣嬰幼兒就有時間吸收我們說的話。

不要理會知名專家告訴你，要讓孩子模仿尼安德塔人的「猿猴說話」：**高高在上**對著孩子說話，好像孩子心智不全，非要這樣說話他才能聽得懂。想像你到了國外，提起勇氣嘗試講外語，卻因為用詞不當而被嘲笑。你會朝著一個外國人的臉，去模仿他的洋涇濱英語嗎？幼兒聽我們說話也有很長一段時間了，他們理解的比說出來的其實要多得多。

2. **肯定而不要拒絕。**最近在父母與幼兒教養課程中，肯德拉（Kendra）問我，她十九個月大的女兒打斷她與先生的談話該怎麼辦？她說，就算告訴奧黛麗不要插嘴也沒有用。我建議她可以這麼說：「奧黛麗，我知道妳想要引起我們的注意。等爸爸和我說完話，我會只聽妳說。請給我們五分鐘。」（並堅持到底）

這樣的回應，是否在任何情況下都會創造奇蹟？可能不會。我們在忙碌的時候，孩子們似乎一直都會需要我們的關注。但除了經常對孩子說「不行」和

「不要」，讓孩子覺得有人在聽她說話、尊重她的需要、讓她有面子，會讓她更願意合作。

同樣的，告訴孩子：「我想要你好好坐在我腿上」而不是「不要在我身上跳來跳去！」比較能夠減少幼兒去測試衝動。孩子會接受正面的指示，而往往不接受「不行」和「不要」。少說這兩個詞，必要才用。

3. **真正的選擇**。提供選擇給孩子，例如「你打算把玩具放在架子上或箱子裡？」這是把孩子的負面感受（孩子必須把玩具放好）轉換成正面感受（可以選擇放在哪裡）的一種方法。或者我們也可以說：「我看你還在玩，你想現在就換尿布，還是等五分鐘？」

只要問題不太難，通常幼兒只需在兩選項之中擇一即可。但像是「我們應該吃什麼晚飯？」或「你打算今天穿什麼？」則是大問題，孩子可能因此難以處理。小心不要給孩子錯誤的選擇方式，如：「你想要去瑪麗阿姨家嗎？」結果孩子很可能回絕說「不要！」

4. **首先要接受**。接受嬰兒或幼兒的觀點會讓他們產生神奇的平靜感，因為這麼做提供了他們迫切想要的東西——被理解的感覺。對於孩子的努力，一點點簡單的肯定，像是：「穿鞋子真不容易，你真的很努力。」給予他所需要的鼓勵，他就能堅持到底。

要小心，不要為孩子預作假設：「你怕狗。」或忽視孩子，覺得孩子是過度反應：「這只是一隻狗，牠不會傷害你的。」最保險的方式，是陳述我們所知道的事實：「你好像很怕狗，要不要我抱你？」

先接受孩子，讓孩子覺得你不是在否定他。「你想要在外面玩久一點，但現在應該要進門了。我知道你還沒有準備好，很難做得到。」無論孩子的觀點有多麼錯誤或荒謬，他們都需要知道我們懂他們的意思。

認同孩子的想法，表示我們承認可能忽略了一些事實，例如「你想要穿越馬路，我不准」或者，「你不想待在露西阿姨的房子裡，但時間還沒到」。

在爭執發生時，要認同孩子很難，但是在孩子大發脾氣時，他們唯一能聽得下去的，就是我們承認他們的觀點。「你想要吃蛋捲冰淇淋，我說『不行』，你沒有得到想要的東西，所以你很生氣。」

當幼兒感到別人理解他，就能感受到我們藏在限制和修正背後的同理心。即便幼兒依然會繼續反抗、哭泣和抱怨，但在一天結束的時候，他會知道我們是和他在一起，總是和他一國的。讓孩子知道這一點很重要，因為孩子出生後的頭一年，將會決定今後我們與孩子間的親子關係。

【第四章】寶寶守規矩：個人對個人

珍娜，妳好。

我的問題是關於我將滿十三個月大的兒子。他對周圍的世界極度好奇，熱情參與。我們一直嘗試賦予他力量，讓他感到安全，有父母支持，願意嘗試任何事情（當然是在安全範圍內）。

我的工作是在一家蒙特梭利與瑞吉歐學校擔任教職員，我跟他說話的方式是告訴他可以做什麼，而不是不能做什麼，即使是再小的事，我也避免告訴孩子「不行」。我也試著以中立的語氣說話，情緒盡量和緩，先觀察並接納他的情緒，而不是很快假設（例如「你好像很難過，要不要我幫你」等等），然後溫柔地撫慰他。

近來，我不斷聽到朋友們談論紀律，談論這個年紀的小小孩會如何測試我們，我們不應該強化他們的「壞習慣」，像是用大吼大叫來表達想說的話、為了要東西而耍性子、做我們不希望他們做的事。我知道，我們對孩子的反應會傳遞出強力的訊息。我自己覺得，與我的朋友相較之下，我給兒子的限制和約束很少。只要一件事物的外表或是在社會、情感上是安全的，只要他感興趣，我都會讓他嘗試和檢驗。兒子充滿好奇心，渴望接觸和探索，對此我感到很自豪。

不知妳對幼兒守規矩有什麼看法？

謝謝！

黛娜

黛娜的信很準確的描述了關於她孩子的情緒發展，以及親子間健康、尊重的關係基礎。關於她的問題，我的回應如下：

親愛的黛娜：

看起來，妳的直覺、經驗和教育，幫助妳與兒子之間發展出非常正面的關係。很明顯地，妳深愛著他，妳值得驕傲，妳視孩子為一個有能力的獨立個體，也如此對待他。從妳的教養方式可以清楚看見：

1. 當孩子生氣，妳保持冷靜中立。
2. 告訴他可以做什麼，而不是一直重複「不可以」。
3. 認同他的感覺和觀點，即使妳不贊同，或那不符規則。
4. 除了確保他的安全，也注意不要因此減損他的好奇心。

妳走在正確的道路上，和孩子建立起信任和尊重的關係，這將使紀律變得鮮明清楚且具直覺性，而非成為教養孩子的阻礙。

關於幼兒需要行為規範，我同意妳朋友的意見，但是我們建立規範的方式以及面對孩子的健康測試反應，則是大為不同。正如妳所說，我們的反應會發出強力訊息。我們與孩子的每一次互動，都是一次學習的經驗，這就是我為何建議採用尊重式的「個人對個人」方式，也就是妳所採用的方式。

關於早期幼兒規範，以下是我的想法和建議。既然妳提到「用大吼大叫表達想說的話、為了要東西而耍性子」我就試著用這些行為舉例說明。

我們的需求也很重要。教養是在發展彼此間的關係。我們可以為養兒育女做出許多有意義的犧牲，但最好不要為了讓孩子快樂而委曲求全，因為：1.這樣做我們會覺得不快樂和不滿；2.這樣無法讓孩子擁有健康的心態來面對紀律和實際的生活期望。

以誠實尊重的方式面對紀律和規範，意思是說，在與幼兒的親子關係之中，我們依然保有自我空間。正如我們在學習了解孩子，孩子也需要認識我們；知道我們的好惡、我們的忌諱、我們的極限。我們要能夠彼此互不贊成，卻不會覺得心裡不舒服，而嬰幼兒就是用哭鬧、發脾氣來表達不同的意見。

這種哭鬧並不是身體不舒服、疼痛或飢餓等緊急狀況，我們不需要放下一切來解決，雖然聽起來同樣會令人受不了。想要發展誠實、平衡的個人對個人關係，我們的孩子需要很早就知道，我們會盡最大努力給他們所需要的一切，但他們並不總是能得到想要的東西……而這樣是很好的。

對我們某些人來說，這可能表示早上只有幾分鐘可以喝杯咖啡，快速瀏覽一下報紙，獨自上洗手間，或者快速在廚房準備孩子或自己的食物。然後堅守責任，保持冷靜，接受孩子表達的情緒：

「我在廚房待了一陣子，你很不高興。」

「你不要我離開。」

「我聽到你叫我，我五分鐘就過去。」

「我知道你想要爬到我身上練習站起來，但是這樣我很不舒服。我會再幫你坐下來。」

如果一個十三個月大的寶寶哭鬧發脾氣，妳可以說：「太大聲了，你大吼大叫（大哭大鬧等等）的我聽不懂。你要我把你抱起來嗎？我現在不能抱你，等我把買回來的東西放好，我會跟你一起坐幾分鐘。」

面對大一點的孩子，他們的口語表現更為顯著，妳可以說：「請用你平常的方式說話，這樣我才能聽懂。」或者「你叫太大聲，我耳朵好痛，別叫了，用說的。告訴我你想要什麼。」

像這樣，我們並不忽視孩子的抱怨或喊叫，但我們也不接受抱怨或喊叫。我們引導孩子必須清楚而有禮貌地將需求告訴我們，然後讓他知道我們願意且能夠如何回應。

期望要明確。從一開始，我們的工作就是盡可能讓期望明確而一貫。要做到這一點，最好的辦法是讓寶寶過著規律且可預期的生活。每日的生活節奏就是幫助他們吃飯、睡覺、玩得好，讓他們覺得自己可以控制世界一點點。吃飽睡好的寶寶會比較願意接受我們的指導，也比較不容易胡鬧發脾氣。（若孩子經常抱怨或喊叫就表示他累了、餓了，或過度興奮。）

和寶寶溝通的方式要直白、誠實，以第一人稱敘述。對待寶寶的一個好辦法，就是記得要視孩子為個體，以第一人稱和孩子說話。說話的時候要用「我」、「你」，而不是「媽媽」、「寶寶」，這可以讓我們直接而誠實地溝通，非常有效。如果我們平靜地說「我不想你打我」，而不是「媽媽不想寶寶打她」，或者「我們不打人」「我們不叫」（這樣說孩子可能會想，「嗯，我們不打，我打！」）將能使幼兒更容易了解並正確回應我們的指示。

只說「不行」其他什麼也沒說。如果我們不那麼常說「不」，孩子會感受到我們的尊重，更能了解我們和我們的期望。我們要做的事，是簡單的指導和說明：「請不要打狗，牠會痛，你打這個絨毛玩具吧。」「我不能讓你摸電線，這樣不安全。我幫你把手放開。」或「我不希望你叫，我耳朵會痛，而且我也聽不見你在說什麼。請告訴我你想要什麼。」因為很少說「不」，孩子反而會比較聽話。

指導不是耍花招。採取個人對個人的指導方式，表示拒絕耍花招、玩策略，或是暫時隔離的處罰等。這代表，面對胡鬧發脾氣的孩子（或其他不良行為），不以分散注意力或不理會孩子的方式來使孩子收斂，而是直接問孩子想要表達的是什麼，告訴孩子如何以我們所希望的方式表達出來。

我不建議教導孩子「在房間裡小聲說話」和「用說的，不許吵，不許動手」這類常聽見的話，為什麼？因為我們從來不會對另一個大人這樣說。（確保自己的確有尊重孩子，請在說或做一件事以前，先問問自己：「我會對其他大人這樣嗎？」）我們也不會為了控制別人的行為，故意討好或分散別人的注意力。

以對待一個成人的方式來對待孩子，表示我們是要手握著手一起走，而不是拿繩子拴著孩子或在後頭趕羊似的，也不是希望他吃東西的時候要坐下，不要亂丟食物。幼兒絕對有能力合作，但他們需要從父母尊重孩子的回饋、指正和以身作則之中去學習，而不是被欺騙、操縱或脅迫。

好奇心最棒。千萬別阻擋。當孩子突然拿到某些東西或爬上原來沒辦法爬上去的地方，身為父母，我們會嚇一跳，並本能地說：「不行！不可以這樣。」但孩子的能力每天都在發展，誰希望阻擋他們呢。記得要說：「哇，你現在可以拿到了！」或「看看你找到的葉子。」然後才接著說：「但拿這個不是很安全（放進嘴裡不是很安全），我要把它丟掉囉。」鼓勵孩子繼續隨著健康的本能進行探索。

接著我要繼續討論前面提到強烈口語表達的例子，這時他們正經歷一個迷人的階段，嘗試用聲音來探索。此時妳可能可以跟孩子說：「哇！你會大聲叫囉！但我的耳朵都快要聾了！」然後最好就此停止，不要再說下去，以免澆熄小嬰兒對發音的熱情。有時候，大人也需要自律，懂得什麼時候閉嘴，無聲勝有聲。

希望這些對妳有幫助。

珍娜

致上溫暖的問候，

【第五章】幼兒對界限的需求

在嬰兒出生將滿一年之際，家長會開始面臨界限爭奪戰。在我的嬰幼兒親子課堂上，慈祥的父母任由孩子在身上爬來爬去。孩子的行為就是在探索界限，但父母往往很害怕，不敢說：「我不想要你爬在我身上。你可以和我坐在一起。如果你想要爬，那邊有一個攀爬架。」

照顧者越早設立限制，孩子就會越早放手，不再「測試」，回去玩遊戲。家長有時擔心，怕自己太堅持規則會毀掉孩子的信心。老實說，結果剛好相反。正因為界限清清楚楚，孩子才會覺得自由。

教育家珍娜・岡薩雷斯・梅納（Janet Gonzalez-Mena）用下面的比喻，來描述孩子對於界限的需求：想像一下，我們在黑暗中開車上了一座橋。如果橋上沒有護欄，就只能小心翼翼慢慢開。但如果兩側的護欄很清楚，我們就可以輕鬆自在地過橋。這就是幼兒在他的世界裡對界限的感覺。

為了尋求安全感，幼兒必須找到「護欄」，因此會一直測試照顧者，直到照顧者做出明確的界限。權力爭奪是兒童自我發展的必要過程，但結論必須是，孩子得明白大人說了算。兒童通常不想承認，但他們其實並不希望自己是全知全能的，因為那樣可能會被自己嚇死。教育孩子時沒有明確的界限，會讓孩子沒有安全感，厭煩這個世界。如果孩子背負著太多的決定、決策和太大的權力，每個孩子就會喪失原本應享有的快樂自由。

在RIE親子班，我們很常見到幼兒推打父母、其他孩子，或丟東西。當出現這個問題，我會鼓勵家長，希望他們能夠介入，先阻止孩子的侵犯表現，然後根據事實以堅定的口吻說：「我不會讓你打人。」或者，當幼兒結束行動後，父母立刻簡要地說：「我不要你打人。」

如果父母表現憤怒，態度激動，或者說太多，很可能會使孩子的不良行為變成一個事件。舉例來說，如果父母開始教訓孩子：「打人很糟糕！別人會痛！我們家的人不可以打人。」對孩子的行為過度關注，反而會火上加油，在無意識中造成孩子想重複同樣的行為。

如果父母的反應是「喔！請不要打我，好嗎？」或者「我們不打朋友，對不對？」孩子將無法收到所需的明確真相，很可能又會造成另一種極端，使孩子持續測試父母的界限，直到家長願意負責為止。

當孩子們出現了這些表現，我總是覺得他們就像在揮舞著小紅旗，告訴大人：「救救我！」「阻止我！」「控制我！」「教育我！」

家長的腦袋得要清楚，要沉著、有信心地回應孩子。如果孩子發出需要大人告知他界限的訊號，父母的態度卻不連貫一致、沒有發揮功效，孩子可能會發出更大的警訊。數年前我親眼目睹了一個這種大警訊，當時我正和三歲女兒走在公園遊戲場附近。一個看來四、五歲大的男孩，跑著穿過整座遊戲場到我女兒身邊，一拳打向她的胸部。女兒沒有哭，但我們都嚇傻了。

接下來所發生的事，如果是在其他時空情境，我可能會覺得心情為之一振。一位詹姆士．龐德式的帥氣著名電影明星迎面向我衝過來。他是男孩的父親，帶著羞愧，不敢抬頭看我的眼睛，只是含糊道了歉，急急忙忙帶走兒子。

天下所有父母都必須學習適應，了解怎樣指導孩子的行為才是最好的，如果缺乏這種指導，可能會產生嚴重且長期的後果。如果這些問題無人照管，孩子可能會嘗試進行破壞式的實驗，最後造成他人或自己的損害。這是要求家長介入教導的一種無意識呼喚。若有可能，就要盡量在早期階段及早處理、管制問題最保險。

一開始的時候，我們的孩子都如天使一般，當孩子首次表現攻擊傾向，想必我們會很震驚。大多幼兒都會在某個時間點展現這種行為，父母大可不必擔心這是什麼邪惡跡象！事實上，兒童行為表現不良往往只是一個訊號，表示他們累了，想要回家。

如果家裡沒有明確的規則和界線，幼兒也會有不良行為。有時，孩子身邊的大人和其他小孩並沒有尊重孩子的界限，這些人會逗弄孩子，剝奪了孩子在居家空間中的安全感。當一個幼兒受到這種方式的侵犯，他就會對其他人的身體界限感到迷惘。如果父母或家裡的大小孩想要和幼兒打打鬧鬧，應該要等到幼兒長大，變成較為對等的同伴。

有時孩子會突然在學校或課堂上行為失控，這是因為家裡的「護欄」與外界有差異。下面是亨利的故事，這個故事展現了孩子在發展獨立性過程中，對於界限的需求程度：

亨利是個可愛合群的二十個月大的孩子，他來到班上時總是對父母笑臉盈盈，看到其他孩子不開心，他會拿玩具安撫。但是有一天，亨利來到教室時見人就打。亨利的母親溫蒂在一旁憂心忡忡的樣子。我問溫蒂，家裡有沒有變得不一樣？她說，每次要出門的時候，都很難讓亨利乖乖坐進汽車安全座椅，她不知該怎麼辦。只要有時間，她都讓亨利在車子裡面為所欲為，等到時間到了，她才想辦法讓他坐進汽車座椅。溫蒂說，她終於不耐煩了，把該做的告訴亨利以後，她就把他安置在汽車座椅上。但她無法相信，她試著尊重孩子，給了他這麼多時間讓他自己在汽車座椅上坐好，亨利竟然還是哭了！

這是一個過渡情況，而溫蒂只是混淆了。在這種時候，母親需要讓亨利知道，大人握有主控權，至於遊戲時間則最好是交給孩子來掌控。我建議溫蒂，讓亨利自己主動爬進他的座位，但如果不趕快爬進去，她就會把他抱進座位，不管他哭不哭。幾天後溫蒂傳了一個感謝訊息給我，她明確告訴亨利，坐進汽車座椅的時間不是由他來決定的，因而解除了孩子的警訊，亨利不再打人了。

我曾經見過一個非常明顯的事證，有位朋友的孩子也希望能得到父母的控制，這件事也與汽車座椅有關。荷莉是個優柔寡斷的媽媽，總是迴避為孩子設限。她告訴我，讓三歲的艾莉莎坐進汽車座椅簡直是不可能的任務，她總是尖叫，拒絕合作。我建議荷莉對孩子說：「我知道妳不想坐，但妳必須坐進妳的汽車座椅。」然後盡量平和地把艾莉莎輕輕放到汽車座椅裡。荷莉向我回報，當她堅持將艾莉莎放置進汽車座位裡時，艾莉莎又踢又叫，可是當荷莉帶著強烈的沮喪發動了汽車，卻聽見艾莉莎輕聲說：「這就是我想要妳做的事。」

孩子迫切需要大人為他們建立行為的準則和界限，而且不會因此覺得受傷。對父母來說，放縱孩子要比堅決貫徹原則容易得多，這點孩子也知道。設定界限時，孩子可能會哭泣、抱怨，甚至發脾氣。然而孩子心中會感受到，父母很努力在營造一個安全的家，這是真正的愛。

【第六章】合作的關鍵

電影《歡樂滿人間》（*Mary Poppins*）有一首曲子讓人琅琅上口，這首〈我最喜愛的事〉（*My Favorite Things*）是這樣唱的：

擦擦流鼻水的鼻子和沒剪指甲的手指頭——
換換髒尿布，吃吃藥——
坐進汽車座椅，打針好痛——
這些都是我最喜愛的事……

……這些事情，孩子絕對不會說他們喜歡的。而且，由於孩子都會抵制這些事，造成家長往往心生畏懼。因此，我們都會急著想要趕快處理完這些事情，所以幫孩子擦鼻涕和換尿布都特別快速。為了餵藥和打針，我們想辦法讓孩子分心，讓他們安靜。我們趁孩子不注意，偷偷剪了他們的指甲和頭髮，甚至等他們睡覺的時候才做這些事。

諷刺的是，這些策略最終造就了不愉快，而且還增加了我們最想避免的阻力。寶寶學得很快，所以每次我們拿著衛生紙接近，他們都會用最快的速度跑開。

但是，有一個簡單的祕訣，可以解消這些例行性事務的痛苦，甚至可以轉化為親子合作和相互連結的快樂時光。

讓孩子配合的祕訣與所有成功教養的方式一樣，答案就是：尊重。所有人，無論年齡大小，無論是新生兒、嬰兒、幼兒還是學齡前兒童，都想受到邀請，想要參與，而不是等著別人來幫他們做好。畢竟，小孩又不會責怪大人。以下是一些尊重孩子的重點：

1. **使活動成為孩子熟悉的慣例或事先告知孩子**。日常生活往往會使幼兒感到混亂，如果他們知道得越多，就越可能正面看待活動，應付自如。

我們以兩個方式告訴孩子：(a)讓這件事成為每天日常生活的慣例，這樣孩子就會知道接下來要做什麼；(b)提前老實告知孩子將會發生什麼事（例如去診所看醫生）。

「可預測性就是養成習慣。養成習慣可使規則容易遵守。由於嬰幼兒不明白父母為什麼希望他們遵守規則，因此這些規則最好能變成理所當然的事。有些事情我們每次做的時候並不需要重新解釋，例如刷牙時間。」

——瑪德．葛柏，《親愛的父母：懷著尊重照顧嬰兒》（*Dear Parent-Caring for Infants With Respect*）

2. **不要干擾**。尊重孩子的遊戲與其他選擇的活動。除非絕對必要，否則不要干擾。我們知道，大多時候，流鼻涕或尿布溼了這些事都可以等到孩子的行為告一段落，或者可以多等一些時間再去處理。但還是要提醒孩子：「再過幾分鐘就要換睡衣了，去刷牙，並選一本書。」

「如果一個孩子有足夠的獨玩機會，不受干擾，他將會更願意配合父母的要求。」——瑪德．葛柏

3. **再小的嬰兒都要和他溝通**。從出生開始，孩子就是一個完整的人，我們可以誠實且直接地告知他們，鼓勵他們共同參與：「我要用這張衛生紙擦你的鼻子，請幫忙把頭伸直一下。」

4. **提供自主權**。你可以讓孩子自己做，或者至少讓孩子試試看，反正沒什麼大不了，或許你會發現寶寶有擦鼻子的天份而感到驚訝。學步期上下的孩子會對我們提供的機會覺得更有自主權：「你想現在或吃完午飯再吃藥？」「你要先剪哪個指甲？」

但注意不要製造假選擇。「現在我可以給你吃藥了嗎？」聽起來似乎很有禮貌也很尊重孩子，但除非你可以接受孩子選擇的結果，否則這只是個假選擇。

5. **慢慢來，不要急**。放慢動作，說話速度也放慢，一切都慢慢來。孩子越小，會需要越長的時間才能理解我們的話。

「要求孩子一些事情以後，給予足夠的等待時間，可進一步加強孩子身為自我決策者的感覺，孩子可自行決定願不願意配合。」

——瑪德・葛柏

6. **不要同時進行多項任務**。在親子的共同合作中，孩子需要我們全神貫注。我們要專心一致與孩子溝通，同時也要鼓勵孩子這樣做。

7. **認同**。如果我們以尊重孩子的態度處理事情，而孩子依然抵抗，請認同他們的感受和觀點：「你不想讓我用衛生紙擦你鼻子就把頭轉過去。我等你，好了再跟我說。」

有時我們擺出了尊重的態度，孩子卻一直拒絕配合，這時我們必須強制進行，而且更重要的是仍要認同孩子的不配合或憤怒，你要說：「我知道你不喜歡這樣，你很生氣。」

8. **致謝**。感謝孩子的協助，但不要空泛地稱讚「做得不錯」。要認同孩子的成就和進步：「現在你會自己刷牙了！」

雀兒喜寫了一張紙條給我，分享她如何終結與十個月大兒子之間的「湯匙爭奪戰」。她以尊重的態度與孩子溝通，放慢說話和動作，提供孩子自主權：

……每次我想要給孩子吃食物泥，他就會伸手去拿湯匙，抓得好緊，連指頭都變成白色的。我覺得好煩，很想拿走他手裡的湯匙。餵孩子吃飯的壓力越來越大，我想，唯一的解決辦法是多給孩子吃切成小塊的食物，但有時候難免還是需要餵食物泥。

大約一個月前，我突然頓悟，意識到我的做法是錯的。我向孩子要湯匙，他沒有拿給我，最後只是放掉湯匙。我問他，是不是要給我湯匙？他卻瞪著我。我伸手拿湯匙，一邊解釋我會把更多食物放在湯匙上，再拿給孩子。

接下來幾餐，我們開始練習把湯匙拿給對方，直到越來越熟練。現在，他會很乾脆地把湯匙拿給我，而且除了湯匙，他還喜歡拿給我石頭、玩具，拿到什麼就給我什麼！

現在吃飯時的氣氛變得截然不同，當孩子把東西拿給我和別人的時候我真的感到很開心。謝謝妳花時間寫文章，這對身為家長的我幫助極大。

【第七章】不要轉移孩子注意力的五個理由（以及可用什麼方式來取代）

家長不想要嬰幼兒進行某種行為時，經常會用分散注意力的策略去轉移孩子的目光焦點。我可以理解這種作法，這可以使孩子將注意力轉移到另一件事上，避免家長直接面對問題，幫助閃躲孩子回擊的子彈，例如生氣、哭泣或完全失控（這些事我們都希望能避則避，尤其是在公共場合）。

很明顯，分散注意力很有效（至少暫時），我可以理解，而且這還可以讓父母或照顧者繼續當好人。我也喜歡當好人！與其說：「我不能讓你畫沙發，如果你想要，這裡有一些紙。」（其實最好是不要讓幼兒在不注意的時候有機會碰到畫筆）如果這時能緊急轉移話題，就不容易造成親子間的摩擦。「你看這裡有一張紙，能不能畫一個有趣的臉給我？」

因此，在千鈞一髮之際，我救了我的沙發，但我的孩子卻不了解為什麼畫沙發不OK，所以他很可能會繼續嘗試。嗯，至少孩子沒有掉眼淚，我還是個好人！

以下是我對於分散注意力這個方法所產生的幾個問題：

1. **虛假**。在我覺得有點煩的時候，我不喜歡假裝積極有活力。我除了會覺得自己太假，對於我的親子關係，我也不認為這是很好的身教，更別提這樣一點也不健康。面對現實會讓人很不舒服（就像面對沙發上的塗鴉），我相信孩子值得也需要父母誠實以待。既然我們可以改善情況，何必出現生氣的反應？我們不需要假裝，也不需要規避責任。我們只要保持心平氣和，簡要地指正，給孩子正確的選擇（如「你可以畫在紙上，或找點別的事情做」）。

是的，孩子的確可能會生氣，畢竟孩子有發表對立意見的權利，也有抒發感覺的權利。孩子最好能夠表現出來，我們也最好能夠認同孩子：「我知道你真的很想畫沙發，但我不會讓你畫。」孩子有一定的能力，可以體驗這種安全的、與年齡相應的衝突。接下來我反對轉移焦點的第二個理由是……

2. **白白放過學習衝突的機會**。孩子需要與父母和同伴練習處理安全的爭執。如果嬰幼兒為了一個玩具而與同伴爭執不下，我們突然介入說：「哦，看看我手裡拿的玩具，好酷喔。」等於是搶了他學習自我處理爭執的寶貴機會。

這時如果我們有兩個完全一樣的玩具，引導僵持不下的孩子各自拿到相同的玩具或許會有所幫助，但即使如此，嬰幼兒通常會想要別人手裡那個「燒滾滾」的玩具。在這種情況下，孩子對於那個特別玩具的興趣，遠比理解爭執這件事要來得大。但無論他們注意的焦點為何，幼兒都需要時間，也需要我們對他們有信心，才能學會解決衝突，而不是逃避。

3. **沒有指導**。如果我們引導孩子去畫有趣的臉，而不僅僅是阻止孩子畫沙發，孩子會學到什麼？嬰幼兒需要我們協助才能認識家裡的規則，最後也才終於能內化我們的期望和價值觀。分散孩子的注意力將會抹除一個可能的教育機會。

4. **低估並阻礙了重要的專注和覺察**。分散孩子的注意力，就是要求孩子忘掉手邊正在做的事，抽身離去。難道這種減損專注力的事是值得鼓勵的嗎？我最近讀到一篇由大學出版社發表的文章，上面說：「由於幼兒的注意力集中度很短，分散注意力通常是有效的。」

我並不同意幼兒的注意力集中度很短，不過，即使他們真的不容易專注，讓他們從正在關注的事物中，一下子轉移焦點到其他地方，這種方式想必只會讓他們的注意力變得更差。沒有習慣被分散注意力的孩子，他們不容易被騙到或迷惑，所以還是會繼續畫沙發（人生總是不完美的）。要鼓勵孩子完全專注、警醒，需要直接的答案或指導，這是他們應得的。

一個時時警醒的孩子，有時可能不好教養（我們不能要花招騙他「哎呀，我的手機不見了，你看這裡有一個搖鈴玩具」）但覺察和注意力是學習的基礎，孩子將會一生受益。

5. **尊重**。分散注意力的詐術低估了幼兒的智慧，也低估了他的學習和領悟力。我們會尊重大人，幼兒也值得同樣的尊重，而不是像下面這段取自幼兒教養網站的文章：

分散和轉移。想讓幼兒守規矩，最好的辦法就是重新指定方向。首先，我們必須分散他們對於某件事物的注意力，然後將之迅速轉移到一個更安全的替代方案上。給他們一些別的事情做，例如幫忙做家事。他們很快就會盡情投入，而不會在原來的想法上投入大量的情緒能量。

把讓孩子分心視為讓孩子守規矩的辦法，這真是超乎我的想像。更重要的是，你會在爭執之際去分散一個成年人的注意力，引導他轉而去拖地板嗎？如果不會，那你為什麼要把一個幼小的孩子當成傻子？我相信，我們可以信任寶寶自行決定如何散發他們的情緒能量，唯有孩子自己知道他們是在做什麼，想要了解些什麼。

以下有一些不同於上述文章的反應，不僅有用，也能令孩子打從心底感到倍受尊重：

先深呼吸。暫停和觀察……除非有一支筆正在與沙發親密接觸，或孩子好友的頭上被賞了一拳，這時我們才要趕緊抓住孩子的手或筆，但是態度要盡量和緩，然後請深呼吸。

保持冷靜、和藹、有同理心，但態度堅定。孩子與同伴發生衝突時，要客觀地敘述當時的情況，不帶指責或追究誰對誰錯。瑪德．葛柏把這種方式稱為實況轉播：「傑克和約翰你們兩個都想要拿卡車，都想要玩同一個玩具，這種情況真難解決，你們一定很傷腦筋……」允許爭執發生，但不要讓孩子打起來受傷。「我知道你很生氣，但我不會讓你打人。」

接受孩子的感覺和觀點。當事件結束，接受它。「傑克拿到車了。約翰，我知道你也想要，你很難過。」若孩子願意，請全心全意安慰他。

對孩子畫沙發等行為做出應對後，我們要等待孩子哭完、吵完，或選擇繼續去做其他事，再對他表達同理心和安慰他，同時還要接納他的觀點：「你覺得沙發需要裝飾，但我覺得不需要，所以你不高興了。」

認可孩子的成就，並鼓勵他的好奇心。以轉移注意力的方式讓孩子分心，反應出我們天生具有想要立即制止孩子不良行為的傾向。但在匆忙之中，我們很容易忘記要認可和鼓勵在這種情況中的積極面，例如創造力、成就、好奇心等。如果情況不緊急，我們可以花一點時間來認同孩子：「哇，你爬到檯子上去拿到了我的太陽眼鏡呢，真不簡單！」

然後我們可以拿著太陽眼鏡讓孩子研究看看。如果孩子想要從我們手中拿走眼鏡，我們可以說：「你可以摸摸看，但我不會讓你拿走。」接著，如果孩子抗議，最後我們可以說：「雖然你真的很想要自己拿，但我不能答應你。我要把眼鏡放進桌子抽屜。」

冒著讓孩子哭泣的風險，暫時做一個「壞人」，以開放的態度，容忍孩子，帶著同理心誠實面對這些情況，這就是通往關愛、信任和尊重的途徑。無論你相信與否，這才是真正親子間相處的寶貴時光。

【第八章】為什麼孩子不聽從我們的指示

家長經常會問我：「為什麼我的孩子不聽話？」其實這句話真正的意思是：「為什麼孩子不聽從我的指示？」

孩子自出生後就會傾聽、解釋我們的話語，感受我們話語所要傳達的潛在意義。然而孩子也是獨立的個體，會迅速發展出自己的思想、意見和意志。嬰幼兒能夠完全理解我們所想要的，但往往會選擇去做剛好相反的事。

為什麼我們的孩子不做我們希望他們去做的事？以下是最常見的幾個原因：

1. **失去連結**。有很多原因會使孩子感覺與父母失去連結。或許父母為了讓孩子學會知道我們的期望，因此總是處罰或操縱孩子（有時連父母自己都不知道），而不是以尊重和慈愛來引導孩子。

我們可能已經犯了常見的錯誤，把孩子適齡的行為，誤以為是針對自己，因此疑惑孩子為何會這樣？我們為他們付出一切，付出我們的生活，但不管告誡他們幾百次，他們卻總是故意反抗我們，讓我們失望（例如打弟弟）。難道孩子不愛我們嗎？

孩子們經常出現相同的反抗和叛逆行為時，是因為他們沒有感受到我們的愛。他們覺得，在他們需要我們幫助的時候，只得到了誤解和指責，因此以為我們不再喜愛他們了。我們的行為控制策略（通常含有憤怒或沮喪成分）會讓孩子不舒服、困惑，甚至會很害怕，因此造成孩子的行為日益乖張。

孩子的衝動行為會不斷重複出現，除非我們能夠知曉孩子所要傳達出的強烈訊息：成為我溫柔的領導者，並幫助我感覺安全。

2. **不能只是用說的**。當可愛的十一個月大嬰兒笑著打父母的臉，父母會驚呆地說：「喔不！我們不打人！」或「你打我好痛！」這是不是因為孩子突然變邪惡或不再愛我們？當然不是。孩子只是因為無法用語言表達，此時此刻甚為關鍵，這是我們證明自己有能力處理這種行為的重要時刻，我們可以在這時候糾正孩子。

我們可以平靜地握住孩子揮舞的手，同時堅定地告訴孩子：「我不會讓你打我，那會痛。」如果小寶貝依然故我，繼續打我們，我們可以補充說：「現在要你不打很難，所以我要讓你坐下。」

也許把孩子放下來後，孩子會突然哭起來。既然我們已經採取了必要措施，防止孩子讓我們感到不舒服，當下我們就要去思考：啊哈！一定是喬西昨晚沒睡好，雖然現在離平時午睡時間還早，不過她已經累了。這就是她想要告訴我的訊息，難怪她會一直打我。

一旦我們了解，言語對幼兒是不夠的（他們很難理解和表達自己的需求），我們就會清楚，把幼兒不遵守我們說的話視為對個人的反抗，這是很荒謬的。我們必須藉由溫和堅定的行動，清楚傳達我們對孩子的要求，這是我們的責任。

3. **我們的沉默會引發孩子的內疚**。有時候，父母相信他們說的話已經夠多了，或者他們在整件事中都不發一語，想要孩子產生同情心而為父母去做或不做某些事。例如，父母告訴孩子，因為他不願意整理遊戲室而「傷害了我的感情」。或是每當發生權力爭奪戰的時候，父母就會示弱、哭泣（這種情況通常只發生在父母都規避責任，不想要設定明確界限的時候）。

這種反應不僅無效，還可能讓孩子感到內疚，導致產生責任感的不健康意識，因而會對他人的示弱感到同情（或是產生不舒服的感覺）。

4. 我們說服力不夠，或太激動。

「如果家長並不真心相信設定規則是有效的，或是擔心孩子會不聽話，孩子可能就真的會不聽話。」

——瑪德・葛柏

我們指示孩子的方式，會決定孩子是否聽從。有些家長已經能夠堅定地就事論事，但還需要記得在句子結尾加上時間限制，可是不要說「好嗎」以免聽起來像在問孩子的意見。

還有一種方式我稱為「從容不迫法」（ho-hum stride）。家長需要自我修身養性，避免對想要去拿狗碗的孩子大叫：「不行！」或者在該回家的時間在公園追著孩子跑（如果是緊急事件，例如孩子跑到車水馬龍的路上，當然不在此限）。或許我們緊張催促孩子的態度可以阻止一些事，卻可能會導致不良行為重複出現，因而成為親子間驚心動魄的競技。

「從容不迫法」對孩子鬧脾氣、尖叫或碰到他們在幼稚園學回髒話也很有用。如果我們沒有顯露激烈的反應，孩子反而容易忘記這些髒話，或停止鬧脾氣、尖叫，但這種忽略並不代表忽視孩子，相反地，「從容不迫法」是要裝作不經意、不在乎地去告訴孩子「你說話有點太大聲」或「這是髒話，請不要說髒話。」

5. **我們過度指導。**沒人喜歡被人指揮來指揮去，幼兒也一樣（還有青少年）。請盡量讓孩子自己選擇，擁有自主性，嬰兒也一樣。從出生開始，孩子就渴望積極參與生活。大人在做決定的時候，請納入幼兒的意見，這樣可以幫助你解決問題（麗莎·森伯里 Lisa Sunbury 在 Regarding Baby 網站上有一篇文章〈Let's Talk〉有提供周到的建議）。

讓孩子擁有充足的獨玩時間，能夠自己作主，這樣不僅可與我們的指示取得平衡，孩子也會比較願意接受我們的指示。如果我們還能接受孩子的觀點將更有幫助，例如：「我們今天在外面玩得真盡興，我知道你不想回去，但是一定要回去。」

6. 孩子有更好的事情要做。有時候，不依照指示不見得是一件壞事，因為年幼的孩子可能只是透過遊戲、探索，隨順自我的內心，反應出自己最健康快樂的學習本能：

我女兒兩歲半，我們去參加活動的時候（親子遊戲團、共讀團等等），她不會依照指示（或很少依照指示）。也許她在某種程度上有遵守，但總體來說，她就像一匹小野馬，跑來跑去，在教室裡面轉圈圈跳舞，而其他孩子都和媽媽安安靜靜地坐在一起。我應該要管管她？還是讓她自己探索（現在是冬天，好不容易有這麼大的開放空間可以活動，真是天賜良機）？還是要讓她聽「活動人」的指揮？——雷娜

嗯……要聽「活動人」的話？還是跑來跑去轉圈圈？這問題好難喔。

【第九章】　孩子做不了的選擇

尊重對於教養至關重要，但這個詞足以使我們迷惑，尤其是關於限制幼兒行動方面。

孩子需要很多機會可以自己作主，需要大人尊重他們的選擇。同時，我們也要透過自信、果斷、溫和的領導，讓他們知道誰才是當家老大。想要平衡這些看似對立的需求，乍看之下可能會覺得很棘手。我們怎麼知道什麼時候讓孩子做選擇，什麼時候孩子需要我們為他們做選擇？

要是幼兒可以讓我們知道，我們在什麼時候給予他們太多的自由，使他們感到權力太大，很不舒服，這樣就好了……可惜幼兒沒辦法用口語完整表達。但是這些不自在的感覺，都會透過幼兒的行為表現出來，他們比較會抗拒、煩躁、分心、黏人，或者他們會持續測試，直到我們給予他們所需的幫助。這個意思是說，直到我們為他們做選擇為止。

聽起來似乎很諷刺（也不公平），給予孩子自由選擇的機會，卻造成孩子更想測試界限。會有這種結果的原因在於，兩歲的孩子並不糟糕，他們只是不知所措。他們雖然想要主導，卻感受到現實權力的可怕，嚴重危害了他們的安全感。

變化是幼兒最無法掌握的事，這是有道理的。幼兒自己就身處於劇烈的變化中，他們正在成長，以令人目眩的速度發生變化。即使是最輕微的變化，也代表他們好不容易才獲得暫時的平衡，卻發現自己又要面對新的狀況，不得不放棄眼前的一切。

在這段變化期，我們要給幼兒多種簡單的選擇，邀請他們一同來站穩腳跟。下面是一個例子：

你兩歲的孩子受邀參加一個派對，當你帶著孩子開車接近宴會主人家大門，孩子卻突然莫名踩了剎車，鬧著脾氣說：「我不想去！」

你很困惑，然而對於這種行為並不感到意外。你告訴自己：「好吧，急什麼？畢竟，我們來這裡是想讓兒子度過一段愉快的時光。我不想讓他難過。」

所以你和孩子一起等待，他在前院走來走去。你等著，等著，等待孩子告訴你，他已經準備好了。你當然不希望進朋友家的時候，身上扛著一個尖叫的孩子。而這個選擇應該由他來做，對嗎？

但是，因為你只是人，你漸漸失去了耐心，越來越生氣（這通常是你需要設定限制的徵兆）。你用氣球、遊戲、好吃的蛋糕，所有一切他喜歡的東西來哄他。不過，他堅決不要。現在該怎麼辦？

快速測驗

你應該：

(a) 繼續等待、哄小孩，但是越來越生氣？

(b) 回家？

(c) 讓他知道時間到了，把他抬進去，面對他可能爆發的負面反應？

(d) 給他選擇，現在進去還是等三分鐘（或自己走進去還是被抬進去），時間到了以後進行(c)？

我想你可能已經猜到答案，我建議辦法(d)。

等你帶孩子進入屋內，我建議讓孩子選擇可以坐在你的腿上，愛坐多久就多久，或是參加派對活動，然後等要回家的時候，準備應付反方向的(d)（玩到不想回家）。

當我們平靜以對，孩子通常會很快釋放沮喪情緒，迅速前進。這讓我想起一個教養經驗法則：害怕（甚至只是輕微的退縮）自己會使孩子沮喪、失望、生氣，會蒙蔽我們的雙眼，造成做出有負面影響的判斷力。

我認識有些家長非常難以採取果斷的行動（即使他們都很有智慧，明白孩子多麼需要這樣的行動），他們都很溫柔、敏感，但難免過度認同孩子的感受。（咳咳，我似乎很懂得這種類型的父母呢？）

瑪德警告說：「父母的矛盾、罪惡感以及角色的混亂，令人驚訝地會很快被幼兒發現並加以利用，好像他們有第六感一樣。父母的任何矛盾心態，都會讓幼兒出現埋怨的回應。」

難道我們想要孩子變成這樣？絕對不是。孩子經常在對抗我們，向我們發脾氣和崩潰，這是他們最需要的自由。因此，我們的工作是成為堅實的領導者，能夠保持冷靜，具有同理心，面對孩子所造成的風暴不動搖、不生氣、不憐憫，也不會將孩子這種行為視為在針對你個人。

「『好吧，隨便你。』這樣說很容易，但會得到什麼結果？」

——瑪德・葛柏

我認為下面有一些狀況，孩子需要我們溫和堅定的反對，堅決否定他們的選擇：

1. **傷害自己或他人。**這例子很明顯。有時候，只要是安全的，我們可以允許孩子選擇打或踢某些東西、跺腳，或做其他事，鼓勵他們安全地發洩情緒。然而無論孩子的行為怎樣激烈、戲劇性或不適當，永遠要接受、認同孩子的感受。

2. **一直搶玩具。**這通常顯示出孩子想要尋求協助或限制，需要溫和的安撫。

3. **汽車座椅**是孩子與家長發生爭執的常見原因。我不相信孩子會想主動坐進汽車座椅裡，但他們可以選擇要不要父母幫忙。

4. **挑選衣服**在合理範圍內應該屬於孩子的特權。但我認為不應該讓孩子出門時穿著不舒服、暴露或不適當的服裝。對我來說，這是忽視孩子，不是尊重孩子。

5. **父母走開**去想去的地方，這是孩子不可以討價還價的。再度提醒，要永遠接受並認同孩子的感受，向孩子保證你會回來，然後平靜地離開。如果父母態度猶豫，孩子會想要掙扎讓父母留得比較久，這對雙方來說都是一種折磨。

如果孩子在以上情況中沒有得到他們所需要的明確、一貫性限制，他們的舒適感和安全感就會減少，這往往會導致他們在其他情況中也會想要測試父母的底線。

在自由與限制之間，維持這種微妙的平衡是不容易的（特別是對我們這些想要使孩子快樂的父母而言），但我們每天所做的這些無盡且艱難的選擇，就是對孩子明確的愛，孩子在內心深處都明白……也知道自己很需要。

【第十章】「不」的力量

珍娜，

我現在有一些小迷惑，不知該如何繼續教養我的兒子。他二十六個月大，最近開始會說「不」，無論我的要求是什麼，他都經常會這麼說。

我和先生非常努力，積極用正面回應，盡可能避免說「不」。例如我們不說「不可以亂丟食物」，而說「請把食物留在盤子上」。所以，我們都不知道孩子是怎麼了，希望妳能給我們一些建議。

例如睡前要換睡衣的時候。他現在換睡衣都要花超過一個半小時，怎麼都不肯穿上。我很努力不想要逼他，盡可能讓他有機會去做自己想做的，但結果還是一樣。孩子並沒有發脾氣，只是很就事論事地說「不」，然後繼續做他想做的事。我只能坐困愁城，不知如何是好。

再次感謝妳的智慧。

凱特

親愛的凱特：

妳的信讓我笑了。「不」正是妳的孩子在這個生命階段應該說的。這是一個使他的自主性能蓬勃發展的關鍵字。他正在體會自己的獨立性，不用擔心。事實上，妳要歡迎並接納孩子發出的不同意見。這就是他所想要的，但妳不要屈服。

所以，當他說「不，我不想要穿睡衣」，請保持冷靜地說：「哦，我聽見了。你不想穿睡衣。那你想要穿什麼睡覺？」或說「這兩件睡衣你想要穿那一件？」「你說不想穿睡衣，我完全可以理解。但如果你五分鐘之內沒有穿上睡衣，我們就沒有時間看書了。」「你想要現在穿，或五分鐘之後再穿？」

關鍵在於持續鼓勵他的自主性，並給他選擇權，讓他不覺得妳在頤指氣使。不要努力想要控制場面，也不要語帶威脅。最壞的情況也不過是他不穿睡衣睡覺而已。

即使如此，妳還是可以嘗試，「我希望你可以舒舒服服睡覺，所以我會幫你穿上睡衣。還是你想要自己穿？」或者妳可以說：「我們沒有時間看書了，因為你很晚才穿好睡衣，但我希望明天我們能早一點上床睡覺。我好愛你……晚安。」

妳說「請把食物留在盤子上」，偶而會有用，但孩子可能也需要選擇。亂扔食物是一個非常明顯的訊號，表示孩子不餓。我不認為限制孩子就是處罰：「我希望你在吃東西的時候把食物保持在盤子裡。丟食物表示你吃飽了。我要把食物端走了，等下你餓了再吃。」

請記住，孩子現在所說的「不」，是一個非常健康而正面的詞，是他在這段時期的實驗，呈現他的安全感依戀。在妳給他一些選擇的時候（玩具、服裝、食物等），妳甚至可以和他玩遊戲，讓他可以一直說「不」。

我記得我和我的女兒開始這樣的遊戲，是她在泡澡的時候。那時她邊洗澡邊玩玩具，把杯子、瓶子的水倒來倒去。她接下來想要做某件事的時候猶豫了一下，我故意說「不」來鬧她。然後，她笑著不停重複猶豫的動作說：「跟我說『不』」而我也賣力配合演出。她體驗到反抗我意願的強大感。那場遊戲立刻成為洗澡時最受歡迎的節目，每次她都玩不夠！

希望這對妳有幫助……。

享受生活。

珍娜

珍娜：

非常感謝妳的回應。我後來嘗試給孩子選擇，整件事就改變了。我給他選擇穿睡衣，選擇說兩個故事之類的。有所選擇，他的反應就變好了。

這也紓解了我很大的壓力。昨天早上他不願意穿衣服，我讓他自己選擇穿什麼衣服，但他還是拒絕了。所以，我平靜地說，我聽到他說不想穿衣服，所以現在我要去做早餐，等他準備好想要穿衣服再讓我知道，我會來幫他。他隨即表示，他準備好要穿衣服和吃早餐了。我們還需要一些練習，但目前溝通一切良好。

我盡量保持冷靜和尊重，但能說一些切合實際的話真的很有幫助。我真的有講出妳所寫的，我覺得我準備好了，我覺得被聽到了，我們變得更開心了。

再次感謝。

凱特

【第十一章】 不要用計時器

「孩子似乎擁有全世界的時間，但成年人不是。對幼兒來說，即使有既定的時間表，時間依然是抽象的概念，所以你很難指望孩子了解你的緊迫感。解決辦法：使用計時器。數字越大，鈴聲越響越好！」

——保姆史黛拉，尼克父母連線（*Nanny Stella, Nickelodeon Parents Connect*）

如果你有用計時器，我知道你可能會有些什麼疑慮，其實我也在掙扎到底要不要用。或許你會說，妳可以給出其他更有建設性的建議啊！為什麼偏偏要挑一個對我們來說有用卻又讓我們陷入兩難的工具？使用計時器怎麼可能不好?計時器幫助我們更優雅地設定限制,處理變化,而且孩子也喜歡。

從表面上看,計時器有趣、有效、無害,對於使用計時器的父母,我沒什麼好指責的。但我認為,計時器反而可能會阻礙、破壞我們的最終目標。所以,我希望你能聽我說些話(你可以設定計時器),然後自行衡量是否同意。

稱職的領導者需要找到自己的節奏。使自己成為孩子所需要的、有自信心與同理心的領導者,我們需要多加練習才能有豐富的經驗。設定限制,贏得合作,在教養上不是件令人喜愛的一件事,我們大多數人天生也不具有這些能力。因此,涼爽夏天的傍晚帶孩子在外面玩的時候,可以用這種裝置來做限制,提醒我們時間到了,這一點是完全可以理解的。但這樣做明智嗎?

就我個人而言,身為教養講師,我發覺,面對孩子抵抗我們的界限時,我們練習得越多,越能習慣去面對、接受、認同孩子的不滿。隨著時間漸漸過去,我們會變得越來越能順利處理,對於自己溫和的領導者角色也更加有自信。在這方面,我們並不需要設定一個計時器來追究孩子的責任,以免阻擾我們的進步。

花招。我和我的人生導師瑪德·葛柏一樣，對於任何教養花招都沒有興趣，因此我也會避免使用螃蟹車、跳跳椅、bumbo嬰兒椅等嬰兒用品。我也不收買孩子、玩花招、貼貼紙表，或是使用一些養小孩的技術，如「暫時隔離」、「用說的」、「說出感受」、「背揹帶」等。

這看起來很極端，但我的所作所為無非是要一天二十四小時無時無刻提醒自己，孩子是一個完整的人。我非常清楚與孩子相處時，彼此關係是對等的。如今的社會對於尊重年幼的孩子，驚人地不予支持，在這種情況下我們更難堅持到底。

要判斷一種作法或詞句是不是尊重孩子，最可靠的判斷方式就是我們會不會將這套作法或說詞用在其他大人身上。我們會用計時器來煮蛋，還是用來幫別人倒數時間？所以，這樣的方式用在孩子身上對嗎？（叮！）寶貝！時間到囉！不要再閒晃了，過來幫忙洗碗。

你的時間到了。「計時器有助於讓孩子產生時間感，更有時間概念。長遠來看，這不僅對他們有利，更有助於在日常生活中幫助父母提早解決可能發生的爭執！」——保姆史黛拉是的，合理的時間感很重要，長遠來看對孩子也很好，但有必要從嬰幼兒時期就急著開始灌輸這種概念嗎？我記得有一個朋友很擔心這件事，她跟我抱怨，她的孩子在幼稚園時，每隔五分鐘計時器就會鈴聲大作，此時孩子就必須從一個學習角換到另一個學習角，結果當然不必懷疑，孩子反而變得興趣缺缺，計時器根本就沒有達到教導孩子任何東西的目的（除了讓孩子覺得幼稚園帶給他好大的壓力這件事）。

我敢說，雖然我是個大人，但我的反應也會跟她的孩子一樣。我想像自己聽著滴答、滴答的聲音，等待響亮的鐘聲響起而變得焦慮（這可以解釋為什麼我不喜歡會突然綳出來的嚇人箱），這種讓人分心的惶恐感，肯定會扼殺任何參與活動的喜悅以及我的思路。所以與其被計時器的時間限制，還不如根本不要管時間算了。

我很重視發生在嬰幼兒身上的許許多多事，其中一件重要的事就是，孩子能夠完全融入時間。孩子經常忘記時間，而這也勉勵我們可以不管時鐘，放慢腳步，與孩子共度這段時間。在這段時間中，無知無覺是一種幸福，何必急著讓孩子學習時間的意義？

「怎麼這麼快就這麼晚了？」

——蘇斯博士

【第十二章】臨危不亂

幼兒是令大人失控的專家，但這些小人並沒有不尊重大人的意思。測試我們的限制（和耐心）是孩子自然而然的行為，也是成長發育的必要過程，他們藉此來追尋一些重要問題的答案：

我是安全的嗎？有受到照顧嗎？

我的領導者有自信嗎？

他們支持我還是反對我？

我想要的還有我的感受，都是受到允許的嗎？

我是個壞孩子嗎？

除了探索這些人生大問題，幼兒也要求我們再三說明清楚我們的期望，建立家裡的規則。例如：

如果我這樣做，我爸媽會怎樣……（打狗、推我姊姊、丟食物、出門前鬧脾氣不肯去）？

這個決定是我做的還是我爸媽做的……（上床睡覺、坐進汽車座椅、在停車場要牽住我爸的手）？

幼兒需要這些問題的答案，才能感到有方向感、安全、理解，如果我們不持續給予答案，他們通常會不斷反抗測試，一定要問到底。

身為父母，我們並不總是能夠輕鬆通過些測試。我們是人，我們也會累、會生氣，也就是說，我們偶爾會失去冷靜。沒關係。只要我們盡量保持前後的態度一致、沉穩、意思明確，我們將能成功傳達訊息給我們的孩子。

以下是幫助我與一起並肩努力的父母們，多年來能夠臨危不亂的一些建議：

1. **獲得新的認識**。對孩子測試底線的行為，我們的態度會決定一切，我們的觀點將決定我們的態度。測試底線、反抗、藐視，都是幼兒正在發展獨立性和自主性的健康跡象。如果我們說「綠色」，幼兒多會傾向說「藍色」，即使他們喜歡綠色。因為如果幼兒同意我們所說的，他們就不能肯定自己是獨立的個體。

如果在這些挑戰之中，我們不能控制衝動，而會隨著孩子產生情緒起伏，你就會明白為什麼我建議把此狀態的幼兒視為身心科病患，而不是不守規矩的孩子。幼兒需要我們的幫助，而不是憤怒或處罰。

當幼兒遇到壓力、恐懼或其他強烈情緒時，衝動行為會變得更加劇烈。因此，大多數聯繫我的父母，他們所遭遇的孩子行為問題，都是家裡將要有新的嬰兒誕生，或正在準備懷孕，或有其他重大變化等，這並不奇怪。

不幸的是，幼兒沒有能力用暗示的方法來分享他們的感受，相反地，他們可能會對一個指示以尖叫來回應「不要！」或是因為我們拒絕多給他們一個餅乾而發脾氣，或對一些小失望而產生戲劇化的過度反應。這就是為什麼我們不要去判斷這些激烈行為，而要嘗試去理解並接受這些行為。

如果孩子因為我們在鬆餅上面倒了太多糖漿而吼叫，請不要認為孩子在冒犯你，盡量記住，這真的只是一個出口，這只是透漏出孩子內心其他更深刻的失望。

2. 以正面態度接受爭執和強烈情緒（或至少不要那麼負面）。我們許多大人在還是小孩的時候，都會接收到一個訊息，就是不可以表現出強烈的情感，而且要畏懼爭執。不幸的是，這種看法會使得與幼兒的相處變得難以保持冷靜，因為幼兒會與我們對立，也希望可以安全表達自己強烈的情感。因此，為人父母者最大的挑戰就是轉變我們既定的思考模式，這麼一來，雙方都可以獲得很大的自由。

練習接受孩子的觀點，我們便可以逐漸轉變模式（但對大多數人來說，這是爭執發生時最不想做的事！）即使我們不見得完全同意，但孩子想要什麼就要什麼是很正常的。無論孩子的想法看起來有多麼偏頗或荒謬，我們都不可以強迫、爭辯或批判他。

3. 有合理的期望。這將有助開闊我們的視野，幫助我們了解應該對孩子有哪些期望。即使我們給孩子最有禮貌和最合理的指示，孩子卻不配合；或孩子在我們做晚飯時不停試圖激怒我們；或他們只是想發脾氣就一直要求這個、要求那個的。即便如此，我們也不要覺得孩子好像在冒犯我們，並感到驚訝或生氣。

在幼兒時期，即使我們最合理的期望也是不合理的。沒有意義的期望，會讓我們更不容易保持冷靜。

4.要預防、準備、積極主動。幼兒是天生好奇的探險家，認為他們是不受歡迎的，將會讓雙方都感覺到挫折。請記住，幼兒很容易過度疲勞，他們可以在一瞬間從精力滿點就突然斷電。

之所以要預先準備和積極主動，是因為幼兒有很大的機率不會按照我們的要求去做或遵守我們的限制。但這並不表示我們該失去信心（我們需要顯露自信）。意思是說，我們不會要求第二次，以免讓自己惱怒、發脾氣，而且只要情況允許，我們會很有風度地詢問孩子，讓孩子有時間選擇，給他們留一點面子。

請記住，幼兒必須表現出不同意，才能在世界上擁有新的獨立地位。在幼兒的密碼書裡面，遵守等同軟弱。

還有一個預備選項是：「你可以自己做，還是你需要我助你一臂之力？」很顯然地，此時此刻並非是孩子有沒有能力做這件事，而是孩子願不願意做。如果我們隨時準備對孩子伸以援手（不需要詢問），我們就可以保持沉著、堅定、溫和的態度，而非脅迫和憤怒。

沒有期望，就沒有失望。

順道一提，幼兒對於整理自己的玩具並不在行，通常需要援手，或給他們一個特別的籃子，或是溫和地以簡單的邏輯告訴孩子：「我們要先把這些玩具收起來，才能拿出更多的玩具。」

5. **假裝很像一回事……**為完善教養方法，我教導父母要展現出真實的一面。雖然不以處罰來處理孩子的行為問題是一個非常重要和崇高的目標，但對我們許多人來說並不是天生就習慣或學會這種方式的，因此剛開始的時候不妨假裝，裝久了自然就變成真的。

假裝我們臨危不亂，並不表示要板起一張臉，說話僵硬，或是裝著陪笑。而是要想像我們已經處理過這些情況很多次，可以完全平靜自在，所以若是有需要，我們能很快直接反應，身體力行。

等我們發現自己多麼有效率，就會建立信心，再也不需要假裝。

6. **運用想像力**。有三種想像對我特別有用，第一種是第一章提到的CEO，第二種是第十三章會談到的超級英雄盾牌，第三種是第十八章會提到的泰迪熊行為。各位可以像我一樣用這些方法，或是自己找一個讓你能獲得信心的形象，這將有助你感到平靜，創造你所需要的一點情感距離。

7. **多練習，好容易**。每一個小小的成功都支持著我們身為父母的信心，使我們更容易表達個人的界限，並正面影響我們生活的每段關係。

8. **認識每個人的觸發點**、**投射和弱點**。自我反省的練習，有助於了解我們的觸發點（就像孩子一樣），然後就可以開始進一步了解孩子。認識是改變的第一步。為了孩子而改變舊模式的反應習慣，是一種深切的療癒。

9. **尋求支持**。幼兒時期是一個非常階段。為了保持心情上的沉著，幼兒的父母需要一個肩膀可以依靠，有些還需要教練、輔導員或治療師的支持，讓你的孩子幫助你得到靈感，獲得需要的幫助。

【第十三章】孩子吵鬧時我還能保持冷靜的祕密

我有點猶豫到底要不要分享這個秘密，畢竟聽起來有點傻。後來我想到，如果我真的想要努力提供完整的教養工具箱，就必須提供實例，雖然這個實例可能不太紮實，但卻是我以自己有限的聰明才智扶養了三個健健康康的孩子的故事。而他們比我想像得更好，所以我真的不能期望更多。

我這種人很容易吸收別人的感情而受到影響，特別是我的孩子。但我也知道，即使面對孩子最負面的情緒，我也要保持冷靜，集中精神。為了孩子好，這是最重要的。我的個性容易動搖，看不清真相，沒辦法時時給予孩子感情上的支持，在他們發脾氣時也無法提供他們需要的行為限制，我最後會失去耐心、失控、懷疑自己、生氣、沮喪、大吼大叫，做一些沒用的事，甚至產生更多問題，使事情變得更糟。

當我們失去冷靜，大部分我們說或做的，孩子都不會聽。我們在張牙舞爪之際，孩子學到的是，他們可以傷害我們或激起我們的憤怒，這會使孩子感到混亂，產生一種不安全的氣氛，除非我們加以控制，否則通常會導致孩子一再重複錯誤行為。

有時我們會說：「你傷害了我的感情！」此時我們內心的脆弱性產生出了內疚感和不安全感，這會讓孩子承受過多的權力，讓他們無法得到迫切需要的自信而溫和的領導。

但我們是人。當我們的孩子感到難過，我們也絕不會高興，有時還會失去冷靜。然而在孩子的幼兒時期，這種失去冷靜的情況很常見。因此，我們該如何控制自己的感情和反應？

我很感謝父母、部落格和專業人士，協助提供優秀的建議給家長調整自己的情緒反應。在我們觸發生氣機制的時候，除了大吼大叫或打小孩屁股，還有其他更健康的事情可做。我最喜歡的是：深呼吸、打電話給朋友、做雙手伸展跳躍操、吃黑巧克力（全部一次做完更好）。但在艱苦時刻的水深火熱之中，我知道我需要一些更直接、強大和主動的辦法。

所以，當我的孩子在憤怒、悲傷、沮喪、胡鬧或發脾氣的時候，我想像自己穿上配備保護罩的超級英雄套裝，可以抵擋最兇猛、最嗆人的情緒爆發。這讓我感到有信心、有能力能幫助我脫離當時的情況。只要我一想到我的超人服，就可以讓我跳脫現實，獲得更清晰的視野。

我意識到：這是一個 VIPM（very important parenting moment 非常重要的教養時刻）。孩子釋放這些感覺對他們很有好處。情緒爆發可以清除烏煙瘴氣，提振孩子的精神。我能夠做的最好的事情就是活在當下，保持冷靜，堅持我所設定的限制，安全地引導這些情緒。

我的超人裝提供的教養力量有：

1. 我明白孩子的負面行為是為了尋求幫助，是孩子在當下最好的作為。
2. 時時記得接納孩子的感受和觀點。這一點非常重要，必須再三強調。
3. 我有信心，我能及早設定限制並堅守限制（在我生氣惱火之前），並且保持平靜、直接、誠實、不處罰的態度。

4.我知道光說不練是不夠的。我必須身體力行，幫助我的孩子停止負面行為。

5.當我需要把我哭泣尖叫的孩子抱走，帶離出問題的情境時，我不擔心別人怎麼想，因為孩子是我最優先的考慮。

6.我有勇氣讓孩子直接宣洩感情，不去試圖平息、催促、修理、安撫，或是讓孩子說出來。我可能會說：「我知道你對那件事有一些很強烈的感受。」而不是大吼大叫說：「夠了！」

7.等到孩子的暴風雨過去，我會繼續前進，不留絲毫怨恨。

8.我不會整天生氣、內疚或沮喪，我昂首闊步，稱讚自己是個好棒的英雄家長。

雖然情況少見，但有時候，我的超級英雄視野，甚至可以讓我在這些時刻中尋得一些浪漫。我能夠以超高速時間旅行進入未來回頭看現在，並認識到這是親子間相處的黃金時間。即便現況看起來並不美麗，但此時此刻我和孩子很靠近。我會記得在孩子最糟糕的時候，愛孩子是多麼不容易。我感到自豪，因為我做到了。

【第十四章】孩子為什麼鬧脾氣

一個鬧脾氣的孩子，特別是我的孩子，會發出最令人痛苦的聲音，相較之下，我還寧願困在車子裡面聽警報器。孩子鬧脾氣的聲音，讓我覺得緊張有壓力，很想趕快馬上做一些什麼來解決問題。

孩子鬧脾氣的目的，就是要獲得我們的注意，讓我們失去信心。值得安慰的是，不只是我的孩子，所有孩子幾乎都會經歷這種鬧脾氣階段（有時是兩次），不過這不代表孩子或我們的教養有致命的缺陷。

以下幾種方式可以幫助幼兒獲得他們所需要的，並讓我們的耳朵和神經獲得舒緩：

1. **不要感到困擾**。有人建議無視孩子鬧脾氣的行為，但我認為父母必須陪伴孩子，隨時提供他們幫助，但是不要去注意孩子的大聲哀鳴。

我們可以想像自己戴著吵鬧過濾器（我敢說這是個價值數十億美元的發明）。深呼吸，提醒自己，孩子的行為是完全正常的，如果我們為了不讓孩子鬧脾氣而予取予求，或做出負面回應，反而會鼓勵孩子鬧脾氣的行為。

2. **溫和告誡**。平靜地說：「你聽起來好像不舒服，但這樣我很難懂。請用正常的聲音告訴我。」你還可以說出事實：「這聲音讓我的耳朵好不舒服。」如果孩子依然繼續哀鳴，你可以回去做剛剛手邊的事，等一下再試。或者，你可以會問孩子他想要什麼，同時提醒他用正常的聲音來回答問題。

3. **休息、食物、喝水、舒適**。孩子在鬧脾氣時身體狀態往往不好，而原因通常都是因為缺乏這四種東西。記住，你的幼兒正在迅速增長，容易疲勞，餓了會出現低血糖症狀，但孩子不容易發現自己餓了。孩子長牙齒要兩年，這期間勢必也會造成不適（並干擾睡眠）。

4. **鬧脾氣的孩子可能處在情緒爆發邊緣**。孩子唉唉叫可能代表他們需要表達出沮喪、失望、悲傷或憤怒等強烈感情。如果出現這些情緒，請接納歡迎，讓情緒徹底自生自滅（在當下，這是通則），孩子就可能停止鬧脾氣。

5. 主動給予孩子專注的關懷。即使是剛出生的嬰兒，都會知道是否擁有我們的充分關注，如果一整天只得到一半的關注，是不符合孩子需求的。如同瑪德．葛柏在《你的自信寶寶》（*Your Self-Confident Baby*）中所說，我們的孩子需要定期接收訊息：「你很重要，你現在是頭等重要。」

瑪德鼓勵家長，多多利用餵食、洗澡、換尿布等機會來表達這種一對一的關注。她還建議進行一段親子共享的寶貴時光，叫做「不要求孩子」。在這段時間中，我們讓孩子作主，孩子是活動的發起者，同時我們觀察、支持、響應並參與孩子的要求。

不幸的是，無論我們給孩子多少關注，只要我們一不注意、不理會他們，他們就會繼續鬧脾氣。但是，如果他們沒有得到鼓勵，這一切都會過去。

【第十五章】咬人、打人、踢人

我們很大，孩子很小。孩子藉由學習認識我們的規則和期望，來調整他們的適當行為。孩子有發展上的需要，想要表達自己的想法，他們控制衝動的能力很低（即使有也是很少）。既然孩子具有這些複雜而強大的動力，那麼我們為何要把寶寶的打、咬、抵抗、拒絕合作，視為針對我們個人？

孩子會觸動我們的神經，讓我們生氣、沮喪、害怕。我們可能會失去原有的高度，降級到孩子的水平，對著比我們小許多的幼兒怒目相向。我們可能被迫猛烈反擊，回手或反咬，或試圖透過設定嚴厲的規則來重新獲得控制權，藉由「教訓」來羞辱或處罰我們的孩子。

或者也許剛好相反。我們害怕面對孩子和自己的憤怒而退縮。我們放棄、猶豫、遲疑，或遲遲不處理孩子的行為。或許我們還會哭泣，拜託孩子，讓孩子為我們感到難過。

雖然這些反應在當下好像可以有效處理不良行為，但結果只會讓事情變得更糟。我們反應的強度（孩子很明顯可以看出來，千萬不要以為他們沒有感覺）會把孩子一時的測試或衝動行為，變成長期的行為問題。當領導者失去控制，孩子會有感覺，他們會感到反應過強，心裡不安。處罰會產生恐懼、怨氣、懷疑。此外，我們不願意設定一個明確的界限，也會造成孩子不舒服、不安全，更加想要測試我們。我們的軟弱會使我們內疚。

這些反應最後都會導致失敗，因為所有孩子都是透過不良行為來表達他們需要幫助。

當幼兒行為失控，表示需要我們的幫助，就這麼簡單。但是，我們如何幫助他們呢？

視角和態度。如果我們可以覺察孩子令人不愉快的行為其實是在請求協助，我們將會更加清楚自己所扮演的角色和該出現的反應。身為有經驗的成熟大人，我們要超脫爭執，而非受到爭執的困惑，並提供孩子協助。

如果我們再三提醒自己，孩子挑戰性的行為其實是迷失自我的呼救訊號，我們就會看見，他們的行為並非針對父母個人。「我對你這麼好，你怎麼能這樣對待我？你為什麼不聽話？」這種反應是很荒謬的。覺察使我們具有耐心、信心，以及冷靜的言行舉止，也讓我們能夠給予孩子幫助。

然後，我們溝通、身體力行。「要你不打人好像很難，所以我先幫你握住你的手。」這可以是我們的思考過程，也可以是我們對孩子說的話。

或者我們可以說：

「我不會讓你打人。我知道你想要玩我的手機，我卻把它拿走，這讓你很傷心。」

「我不會讓你咬我，很痛。我要把你放下來，去找個可以讓你安全啃咬的東西」。

「你可以自己進來，還是要我幫你？看起來你要我幫你，所以我要來抱你。」

定錨。我們幫助孩子，容許他們情緒爆發的反應，因為孩子也需要幫助才能釋放情緒。他們需要的幫助就像一只錨，好像他們坐在安全的小船裡面，需要我們的耐心和同理心幫助他們安安穩穩地乘風破浪。波浪來襲時，孩子需要我們接納他們的感受，需要我們的寬容、理解和放手，讓他們也可以寬容、理解和放手。

畢竟，孩子的衝動超出他所能控制，我們怎麼能埋怨他？

前一陣子，我在家裡有了這個想法。晚上十點四十五分，我走過大廳，去提醒家裡的青少年，睡覺時間到了。我突然看到十歲的兒子（九點已經先去睡覺了）朝我走過來，我嚇了一跳。我第一個反應是他可能想要去上廁所，但後來他說了一些話，我聽不太懂。「嗯嗯，嗯嗯……看電視。」

「什麼？」然後我突然想到，他是在夢遊。就我記憶所及，他有在半夜說夢話的習慣，或在睡夢中大叫，睡在隔壁房間的兩個姊姊都覺得很好笑。他經常在床上坐起來，突然冒出一、兩句話，但他夢遊的情形很少，偶一為之而已。

「我要看電視。」他又說了一遍。這次我有點明白了……。他看起來一臉茫然，面無表情地說：「沒有任何道理。」然後便歪歪扭扭地走向樓梯。

「喔，不行……你要回床上睡覺。」我試圖抱他，他想要掙脫。我們扭成一團。他是一個強壯、肌肉發達的小朋友，即使在睡夢中也很頑強，但我最終設法控制住場面，讓他回到自己的房間。上了床，他馬上變得平靜安祥。

所以，一個十歲的夢遊男孩，和幼兒的失序行為有什麼關係呢？

幼兒都很敏銳，時時會覺察許多事，但他們的行為卻都背道而馳。幼兒的自制力差不多就和我夢遊的兒子一樣，但幼兒需要我們大人有自信地處理他們的脫軌行為，而不是生氣。

臨危不亂的反應。近來很榮幸地有機會在電話上與一位媽媽進行諮詢，她和我分享我在第十二章所描述的「臨危不亂」。每當她的孩子以行為挑戰她，她就會想到「臨危不亂」四個字。自從她生了第二胎，她幼兒期的大兒子需要適應這種生活中的巨大變化，她就變得必須經常要想像，練習如何臨危不亂。現在她很少練習了，因為前面的臨危不亂反應，已經幫助孩子很快地度過了這個困難的階段。

我們不能假裝臨危不亂。就像好演員一樣，父母也一定要相信自己。我們要保持現實的視角，在態度上認知到，我們很大，我們位居上位，孩子很小，管教就是在幫助孩子。

另一位媽媽的來信讓我不禁微笑：

親愛的珍娜：

我十六個月大的兒子傑米開始會打人，特別愛打我。他這麼做似乎純粹是因為好玩。但我想，他是不是餓了、累了或受挫？而且他似乎對我們的驚呼聲「噢！」覺得很刺激，所以想要激起這種反應。他會一邊打我的臉，一邊快樂地發出「噢！噢！噢！」的聲音，從頭到尾笑個不停。我是有一點覺得兒子還蠻可愛的啦。

但是到目前為止，我已經試過很多次。我說：「我不會讓你繼續打我」、「不行」然後輕輕握住他的手。這時我會面無表情，不對他笑，但我不會情緒化，也不會對他發脾氣。

或許他還沒有發展出同理心，他還是一直打我，現在甚至想要打我們十九歲的老貓。

另外，他上週打到我的眼睛，痛得不得了。想要不生氣真的很有挑戰性。妳有什麼建議嗎？

像很多敏銳的幼兒，傑米就像已逝的著名影評人——羅傑・艾伯特（RogerEbert）一樣，可以立刻分辨出演技的好壞。面無表情的他不買帳。他聽過一次「噢！」還不夠，他知道還有更多「噢！」藏在某個地方，所以他會戲弄媽媽，那令他興奮。

珍妮佛必須真心相信這沒什麼大不了。她必須真心覺得很無趣，然後溫和堅定地阻止傑米繼續打她。她絕不能把這件事視為嚴重的問題，並且完全不能將孩子的行為視為具有威脅性。不過現在她也漸漸跟著入戲（面對一個如此吸引人的幼兒，實在很難把持得住）。

一個臨危不亂、樂於幫助孩子的態度，它的美妙在於，可以讓孩子放鬆，明白父母會永遠支持他，知道我們不會因為他一時的惡作劇而驚慌失措。他的小船永遠都有一個安定的錨，父母就像有耐心的老師，能夠輕鬆處理任何孩子所製造的麻煩。

孩子知道父母會永遠幫助他們處理自己所無法控制的行為，孩子才能放心與父母爭執、犯錯、成長，有自信的學習。

「幼兒會測試界限，以了解自己和別人。當幼兒測試我們的底線，我們要以堅定且尊重孩子的方式去阻止他們，這樣我們就是在幫助他們認清世界，也使他們得到安全感。」

——《幼兒學步期一、二、三》艾琳．范德贊德著
（Irene Van der Zande, *1,2,3…The Toddler Years*）

【第十六章】食物大作戰

家長都知道，健康的飲食對於孩子的健康發展是必要的，因此定時提供孩子營養餐點永遠是優先事項。但對於我們用心準備的餐點，孩子總有各種不喜歡吃的理由。

如果孩子不吃，我們很容易會覺得自己失敗了，也很容易會放在心上。然而，我們越是堅持要孩子吃，孩子反而會更抗拒。

珍娜：

我希望妳能協助提供我和太太一些建議。我們十八個月大的女兒泰莎最近有一些飲食上的問題。

一年多前，我們開始餵她吃固體食物，她好愛吃，什麼都吃。我太太瘋狂準備餐點，把各種有機蔬菜碾碎，製成嬰兒食品。泰莎無所不愛。後來，我們加入了火雞肉、蛋等食品。泰莎依舊熱愛這些食物。

可是最近幾個月，泰莎不僅食量變少，還變得令人難以置信的挑嘴。從前小女孩總是一日三餐來者不拒，所以我們想知道究竟發生了什麼事。今天的午飯，我做了炒蛋配青豆和起司。雞蛋是她的最愛之一。她試了幾口，立刻吐出來。我耐心地鼓勵她吃，提醒她她喜歡雞蛋。她玩了食物五分鐘，又吃了一口，還是立刻吐出來，然後便把盤裡的食物統統倒在地上。

我們的吃飯時間日益成為這種角力戰，使我和太太精疲力盡。上週我們到波特蘭住了一週，每次吃飯都是一場噩夢。我們最後只好叫外賣到旅館房間裡吃。

我本來以為泰莎是因為長牙的關係，多給她嘗試一些其他食物，過一陣子就好，但我現在很擔心這會變成習慣，請給我一些幫助吧。

謝謝妳，珍娜！

克里斯

親愛的克里斯：

幼兒總是心胸開放，察覺一切，敏感又富有直覺力，我好愛他們。從誕生的第一天開始，我們伸出臂彎抱住他們，自此我們再也離不開他們，也開始發現幼兒實在有多麼聰明。

首先，我想你已經帶孩子去看過醫生，做過檢查，排除任何可能的疾病問題，特別是如果泰莎變瘦了或體重不正常。但是，即使她真的有什麼消化問題，家庭目標還是希望能夠恢復到吃飯時的時間是寧靜舒適、專注於飲食、彼此關懷的，而不是一個戰場。所以我猜可能發生了以下事件……

由於父母的寵愛、重視健康、「瘋狂準備餐點」，在孩子吃第一口食物時就希冀能製作出最精美的食物，而泰莎也努力吃得津津有味，回報父母的辛勞。在吃飯的時候，家裡不僅有美味食物，還有屬於每一個人的成功，使得一家和和樂樂。

然後事情發生了。你跟我猜的一樣（或更準確）：泰莎長牙齒、感冒、口味變了，或只是剛好在某個成長階段，泰莎沒有胃口。的確，在某些時期，兒童會吃得比較少。

泰莎飲食的變化，引起了父母小小的關注，而泰莎的天線接收到了這種脈動（幼兒天生的第六感）。她感覺自己與食物產生了緊張感。

同時，由於泰莎在父母安全的懷抱中，她開始探索一些兩歲孩子有興趣的領域：測試、獨立、主動、控制、意願。這些東西真好玩。孩子在這個階段的發展就是與父母爭執。幼兒需要練習尋找力量的平衡，所以這時泰莎應該做的就是反抗父母、表現自我。

吃是泰莎的自主領域，她需要控制這個領域。只有她知道自己是餓了還是吃飽了。她需要聽從肚皮指示，相信自己。近來用餐時的氣氛已經有點太「過度」，所以她沒辦法聽到自己的聲音。她不是想要折磨你，只是想感覺自己的力量，扮演好自己的角色，也就是說，只要感受到壓力，她必然會反抗。

以下是我的休戰建議：

不期望，不參與。降低你想要泰莎吃飯的期望（根據你最近的經驗，對此你應該是心知肚明）。這還不是你和太太準備巴黎藍帶盛宴的時機，因為小泰莎有可能不領情，而你得不到賞識，結果感覺好失望。你們兩個可以盡情享受餐點，但讓泰莎吃得簡單就好。

既然你是人，你可能會在用餐時間把自己投射進自己的期望中（或相反是變得畏懼），只是你自己沒有意識到。無論是關於吃東西、換尿布、睡覺等等，當我們好幾週都在應付孩子的反抗，我們難免會變得不由自主地誠惶誠恐，結果反而可能使事情變得更糟。既然幼兒會感受到我們的感覺，最好能讓腦袋放空，變得自信和冷靜。這樣也有助於下面這一點。

調整反應。注意孩子潛在的想法。讓吃變成泰莎和她自己肚子之間的個人問題。她吃得好的時候，大人激動；吃得不好的時候，大人失望。請不要這樣做，也不要哄她多吃飯。從現在開始，注意不要給泰莎留下任何印象，以為吃得多少可以取悅或影響父母和其他大人。

相反地，鼓勵她把重點放在自己的身體需求，注意食慾和飽足感，不要太多也不要太少。這需要調整情緒，不偏不倚，既不能太過熱心，又不能太過擔心。由於幼兒非常非常聰明，可以覺察弦外之音，因此即使我們只是稍微提醒他們喜歡雞蛋，他們也會發現我們的意圖，不如不說的好。相信我。

以前我的班上有幾位小孩體重過輕，甚至有人告訴過孩子的媽媽，她的孩子無法長大成人。想想看，她要多麼努力克制才能不去擔心用餐這個問題。另一位媽媽發現，孩子用餐時她最好乾脆離開現場，讓姊姊單獨陪妹妹吃飯，以免媽媽不能自制，過度緊張，一直到孩子體重恢復正常，她才停止這樣做。我不建議大家也這樣做，提這個例子只想告訴大家，我們父母的影響力有多麼重大。

多樣選擇，小分量。端出三到四種食物，分量要少，比你認為泰莎會吃的還要更少一點。另外再準備幾種食物，但先不要拿出來，而是放著備用。讓她自己決定吃多吃少，最好是她自己主動要吃。食物種類的選擇和分量，都要由她自己決定。

要事先讓她清楚知道，當她發出吃完飯的訊號，包括吃飯速度變慢、開始玩食物，或把食物丟到地上，就表示用餐時間截止，她要等到下一餐或點心時間才能再吃東西。這不是處罰性的，而是給予她所需要的自主權、選擇、限制和結果。

如果她不好好吃飯，也盡量不要生氣或厭煩，而是平靜地對她說：「嗯，妳在吐食物，這一定是表示妳吃飽了。」然後以堅定的態度端走碗盤，溫和地幫她離開餐桌。做這些事的時候，要一邊做一邊跟孩子說明。

如果在家裡吃飯時原本是用兒童專用高腳椅，不妨換成適合幼兒用的低矮桌椅，這將有效降低孩子與食物大戰的頻率（在我網站有一個《有用餐禮儀的寶寶》（Babies With Table Manners）短片，有詳細介紹，也可以用 Youtube 觀看）。

放手，相信。《愛的奇蹟課程》作者瑪麗安娜．威廉森（Marianne Williamson）表示：「信任」和「放手」是父母一再重複的課題，究竟該如何進行？何時進行？總是令人難以決定。有時幼兒會感受到周圍的壓力而失去胃口，但他們不是絕食抗議。要信任幼兒，即使泰莎幾餐不吃也無妨，她很就會恢復原狀，繼續探索其他領域。

祝胃口大開！

【第十七章】頂嘴的嬌蠻小兒

珍娜妳好，

最近我快要兩歲半的女兒瑪德琳變得很難帶。女兒出生前，我在育兒中心工作，學過RIE，所以我用妳的方法來帶孩子。一直以來，她都是在一個平靜、有耐心、鼓勵孩子、尊重孩子的家庭中長大。

瑪德琳向來都是個隨和的孩子，她很有同理心，快樂又獨立，是個很棒的孩子。最近，她竟然開始頂嘴，這簡直觸動了我的敏感神經！當我或我先生想要告訴她一些事，她卻與我們爭論起來，結果變成一場權力爭奪戰，吵鬧不休。例如：

當她爺爺在浴室裡關起門來，她會站在門口喊爺爺。我告訴她：「瑪德琳，爺爺只是在上廁所，他很快就會出來，請給他一些私人空間，不要再喊了。」她會轉頭叫著回嘴：「不要！不要！他才不需要什麼私人空間！」

她用玩具打我時（一半是意外，我想啦）我告訴她：「哎喲！好痛！我不喜歡這樣。」她會氣憤地回嘴：「才不是，妳喜歡！」每次我對她表達我的感覺，她都經常這樣對我，她都是用各種負面態度來回應我。

我了解這是她要獨立自主的時刻，學習如何成為自己。我了解這段時間她矛盾又混亂，因為她既想要獨立，又需要我們。我們一直都給了她很多空間、時間和選擇，所以我們從來沒有遇過這類事件。我真的不知道該怎麼辦。

麗莎

嗨，麗莎：

妳說「她最近竟然開始頂嘴，這簡直觸動了我的敏感神經！」這就是妳執著的問題。瑪德琳不斷在觸動妳的神經，因為妳超有反應，只要一頂嘴妳就肝火上升。解決方案其實很簡單：切斷這條神經，讓孩子的行為失效。

我明白，這聽起來容易做起來難，而且作法甚至看起來不見得很正確。是的，孩子的行為很粗魯，如果對妳這樣做的不是妳自己的兩歲半女兒，當然會覺得受到冒犯。何況這是妳自己的寶貝女兒，妳那充滿同理心的可愛小女兒，妳愛她，尊重她，所以妳的感覺更要糟糕一百萬倍。妳好驚訝，警覺女兒竟敢如此膽大妄為，我的寶貝究竟發生了什麼事？這種討厭的行為究竟來自何處？我們又該如何制止呢？

如果妳是位不太善解人意、博學多聞的父母，妳可能會打她屁股，或罰她暫時隔離。但因為妳尊重孩子又開明，所以我建議更有效的辦法——**請調整妳的視野**。

妳所敘述的情況其實是件好事，請專心好好聽孩子的話。想一想：

1. 妳知道，幼兒需要測試他們的力量，表達自己的獨立性，做各種嘗試。瑪德琳正走在正確的軌道上。

2. 幼兒通常以反對任何事來向父母表達自己萌發的獨立性。過去瑪德．葛柏用故事告訴我們，有個幼兒一邊大叫「不要」，一邊卻又急切地從父母手中接過蛋捲冰淇淋。

反對幾乎成為一種自動回複。當我們說「好」，無論幼兒真正的意思是什麼，他們都會有強烈的衝動說「不好」（反之亦然），但他們並非在做出任何攻擊。

3.瑪德琳正在說話！

4.她用了較強烈的方式來表達自己的意見和態度，這雖然有些離譜不當，但事實上，她以這種方式來表達自己，可見她是個有自信的小女孩。

5.我通常不會拿小孩與動物相比，但當我想到幼兒的權力實驗，彷彿看到大猩猩敲打自己的胸膛。吼吼！令人震撼。

6.她在家裡測試這些行為，因為她知道她家很安全，她被愛，被接受，代表妳把孩子養得很好。

7.她很小，才兩歲半。我想妳和先生一定比她高得多，也至少大她二十歲？換句話說，不要認為瑪德琳的叫囂和頂嘴是在刻意攻擊，也不要覺得好像受到小女兒脾氣暴躁的威脅。請將此視為健康的測試，眼光放高點。

關於前面爺爺在洗手間的例子，這裡有一些「兩者互動」建議：

聽起來妳在瑪德琳吵著要爺爺從浴室出來的時候，開始變得有點混亂，但妳仍試圖保持冷靜。妳覺得當時妳的語氣如何？真的是聽起來很平靜，不受任何影響嗎？

退一步想，這個頤指氣使的小寶貝如此急著想找爺爺難道不是一種甜蜜？她覺得自己很有力，可以驅使爺爺從浴室裡面出來。如果我的孫子這樣對我，我可能會覺得受寵若驚。所以，如果我是妳，我會輕聲說：「好像有人急著想找爺爺喔！瑪德琳，我想爺爺已經聽見了，不過他可能還需要一、兩分鐘。」說完我就會離開。

另外，能不能就讓爺爺自己處理？

瑪德琳用玩具打妳的時候（如果妳沒有氣急敗壞，她也沒有感覺，說不定她就不會打你），妳的反應表現出自己很容易被激怒。如果能在她打妳之前就阻止她，這樣最好。「哎喲！」還可以，說「好痛」時只要不過於情緒化就沒事。但是，妳接著說「我不喜歡這樣」表示妳已經有點把女兒的行為視為對妳的攻擊了。

請相信，幾句多餘的話都能讓瑪德琳有所覺察，原來這件小事具有力量，足以困擾妳。但她需要的其實是妳的再三保證，好讓她可以放心，知道妳能完全掌控全局。所以她才會說「才不是，妳喜歡！」繼續以挑釁來回應妳，刺激妳的神經。

孩子這樣做的時候，他們就像在說：「妳能處理嗎？妳能搞定嗎？請證明妳可以輕鬆愉快處理我的事。」

面對孩子蠻橫不講裡的頂嘴，這裡有一些輕度而不帶諷刺意義的回應可供參考：

「好吧，我想我們對那件事有不同的意見。」

「嗯……謝謝妳的意見。」

「妳好像對（要爺爺從浴室出來）這件事的反應特別激烈。」

當妳有所懷疑而不確定時，永遠都可以說「有意思！」「很有趣！」

退一步海闊天空，請好好享受小女兒的活力充沛吧！

【第十八章】不再覺得受孩子威脅

當我與一些父母諮商，討論孩子難以處理的行為時，有時我會提供一種辦法，讓父母能夠轉換視角，重新看待棘手的情況。由於擔心受到誤解、誤用，我一直不願意在網站上分享，但既然有這麼多家長遇到孩子故意測試自己底線來刺激父母神經的時候，大多很難保持冷靜和中立，因此我決定冒這個險分享我的辦法——泰迪熊行為。

我知道泰迪熊是一個玩偶，但孩子不是。等下我再解釋，首先我要介紹一下背景：

我們的孩子生而有覺，如你我一般，所以我們主要的工作在於加強與孩子間的關係，也就是以誠實、關懷、尊重，還有無條件的愛去對待孩子。

所有兒童都會表現出衝動和非理性的行為，尤其是在發育階段。為了測試自己的翅膀是否硬了，他們必須反對我們（如幼兒和青少年期）。當小「人」如此出言不遜，傷害我們，粗魯無禮的時候，我們該如何尊重他們？

有些人因此產生以下的結論，認為幼兒和動物一樣，沒什麼思考力（所以可以解釋為何會有「馴服你的孩子」這類建議，利用分心、耍花招、賄賂等操縱干預的方式）。我們很容易會覺得受到孩子的冒犯，或害怕沒有好好教孩子，讓他們的行為變得不適當或不懂尊重別人。

我們所出現憤怒、沮喪、恐懼或內疚的情緒很可能會引發負面反應，而且不幸地，這樣更會造成孩子出現難以處理的行為。的確，孩子重複測試的行為，大部分都不是來自於我們反應的直接結果。因此保持冷靜中立就更顯重要，而且是非常重要。

保持冷靜最簡單、可靠的方法是調整視角，意思是說，我們要提醒自己，在我們面前尖叫躁動的孩子，只是一個小人，來到地球不過才短短兩年半。她需要我們容忍她的尖叫，防止她撞到，如果我們的反應是憤怒、困惑，將會讓她感到不安。

因此我建議，受到孩子行為刺激、折磨的家長，可以考慮把這種情形轉移想像成是一個可愛溫和的東西，例如一隻泰迪熊玩具。

泰迪熊行為，包括偶爾打人、踢人、咬人、尖叫、鬧脾氣、不遵守指示、抵抗、拒絕、以任何方式表達「我討厭你」，還有脾氣暴躁的青少年，會把你所作所為統統放在顯微鏡下檢視和批評。這是孩子隨著年齡所展現出的行為，這些行為雖然很惱人，但基本上是無害的。如果我們可以看穿這些行為只是我所謂的「泰迪熊行為」，再給出適當的反應，孩子的行為就只會是暫時的，而不會演變成長期、危險或有害的。

引發「泰迪熊行為」的原因：

- 需要父母再三以溫和的領導來保證。
- 感受到壓力、飢餓、疲倦。
- 恐懼、悲傷、憤怒、沮喪——所有孩子都需要我們協助他們表現出這些情緒。
- 覺得失寵、被忽略、沒人愛

・環境情緒的轉變：多了新的弟弟妹妹、搬新家、第一次上學、轉學等任何變化。
・發展階段與發展里程碑。
・兩歲與青少年時期都是會出現典型「泰迪熊行為」的時期，另外四歲、六歲和青春期前期（九歲以上）也屬於「泰迪熊期」。

我們如何緩解「泰迪熊行為」：

・不要覺得受到孩子威脅，深呼吸，表現自信，讓事情自然而然過去。
・盡可能避免一些事（例如，家裡不要買白色沙發，也不要讓孩子可以隨手拿到色筆，給孩子一個可以安全探索的環境，在這個環境裡不需要說「不行」）。
・設定限制時要冷靜、明確，同時也要及早設定。
・接納孩子所有的感受和情緒，並鼓勵孩子表達感受和情緒（「我知道你想要丟卡車，但我不會讓你丟，這樣不安全。你不喜歡爸爸去上班嗎？我知道有時候他去上班你會想他。那邊有一些比較安全的玩具，你可以丟沒關係。）

・了解孩子的需求，並盡最大努力滿足他們。

將孩子的行為視為「泰迪熊行為」，並不表示把孩子視為玩具，也不表示你可以把他們視為物品，忽視他們，或居高臨下藐視他們、趾高氣昂指揮他們。孩子是一個完整的人，永遠值得我們尊重，並告訴他們真相。

然而，無論年齡大小，一旦泰迪熊行為消退，他們可能都會想要抱抱。

【第十九章】　不要抗拒孩子的感受

教養孩子時有一種最具諷刺意味的反直覺波折，亦即：我們越是能接受孩子的不滿，家裡的每個人就會越快樂。

我們所能送給孩子最大的禮物就是完全接受孩子的負面感受（請注意，我說的是「感受」而不是「行為」）。我們要從身為父母的教養職責跳脫出來，由「安撫」、「更正」和「控制」孩子的責任，轉變為「接受」、「認同」和「支持」，如此一來，親子就都能獲益和解放自我。

不隨自己的反應起舞，耐著性子容許孩子去感受是非常具有挑戰性的。多練習能幫助你做起來變得更容易。唯有如此才能達成：

・成功設定限制。
・爭執變少，相處和睦。
・孩子情緒健康並獲得療癒。
・相互信任。
・關係緊密。
・孩子擁有實實在在的包容力和安全感。

我已得到網友珍妮弗的許可，現在我要分享她個人的「小勝利」：

珍娜，妳好！

我想要謝謝妳的支持。我在幾個月前發現妳的部落格，裡面有所有我遭遇到的教養疑難雜症，我對妳的建議和注意事項如獲至寶。

我兒子七歲，女兒兩歲。我與兒子之間有個大問題。我習慣利用內疚讓他就範，不過現在漸漸浮現出後果。恐嚇小孩子很容易，但這對七歲的孩子來說已經沒什麼用。我試過很多不同辦法，也轉換過作風，但似乎每一種都不太管用……直到我發現妳的部落格，我終於覺得自己找對路了！

我最喜歡的書是約翰．葛瑞博士的《孩子來自天堂》（*Children Are From Heaven* by John Gray）。我喜歡書裡的所有內容，只除了一件事：隔離。我總覺得隔離有點不對，但又不知該換成什麼方式。在孩子鬧脾氣的時候把孩子關進房裡，這種隔離的方式只是一種懦弱的逃避而已……但我卻從來沒有想到，原來只要守在胡鬧的孩子身邊，和孩子坐在一起就可以了。我兒子動不動就會因小事發脾氣，事事都怪到我頭上，講話很難聽。他可以立刻觸動我的神經，讓我加入戰局，然後我們就會各自採取防守立場，互相尖叫指責……所以我覺得與其如此，不如將他隔離。

現在，我一一練習妳所寫的一切，而今天，我獲得了第一個大勝利！我不是戰勝了兒子，而是戰勝了我自己。

今天我很冷靜，而且我在兒子發脾氣的時候也繼續保持冷靜。我聽著他發飆，心裡一直重複想，「他累了，因為我不讓他看卡通所以生氣了。」我跟他說，憤怒的感受是正常的。他想要丟東西砸人時，我抱住他，說我不會讓他那樣做。

他。

兒子彷彿沒完沒了，但我堅持冷靜，不回應他的指控，只是一直陪伴著他。

有趣的是，我女兒平時很討厭我們吵架，但這次她也很冷靜，在我們旁邊繼續玩著，好像什麼也沒發生。而就在我快要覺得這樣好像沒用的時候，兒子抱住了我說：「對不起，媽媽，我不想再跟妳吵了，請原諒我！」

面對自己，我贏得了這場戰鬥，我想，接下來會更容易。我知道該怎麼做，也知道這樣做很有用。雖然要做到不容易，但很值得。

珍娜，我非常感謝妳！我的兒子已經不是幼兒了，但我希望我可以彌補過去的傷害……有妳這樣的人在我們身邊，我們真有福氣，謝謝妳的支持！

誠摯感謝

珍妮弗

【第二十章】發脾氣的療癒能量

在我們的RIE親子班，當孩子可以自行活動，獨立坐好，我們便會安排點心時間，而失序也將就此展開。孩子可以自行選擇是否要參與點心時間，他們很快便學會，也享受這個慣例。

我們要求孩子面對點心桌坐在地板上（如果孩子會走路，就移到稍高的桌子，坐在凳子上）。我們請孩子擦擦手，選圍兜，按照自己的意願吃多吃少（例如香蕉），直到他們決定不想繼續坐下去。我們堅定而溫和地不讓他們帶著食物離開桌子。（可在 YouTube 查詢一部示範影片《Babies With Table manners》「嬰兒餐桌禮儀」。）

這個班上的孩子都是十二、十三個月大，我們的點心時間在六個星期內大致來說都是成功的。然而有一天，不知道有什麼看不見的東西，讓所有幼兒都像瘋了似的考驗我。他們坐下，然後再站起來爬到桌子上。這是一場叛變。

其中以莉莉給我的考驗特別有力又持久，她一向是個非常安靜、溫和、優雅的寶寶。但那陣子她卻表現出令人驚訝的個性。

莉莉一次又一次爬到桌上，要幫她才能下來。我們提供給她「自己下來」的選項很快就失去意義，她明顯的失控，而且熱衷於這件事上。

「妳想爬到桌子上，但我不會讓妳這麼做。我會幫妳下來。」我說了一次又一次。

最後，莉莉媽媽問要不要幫我，因為莉莉一直不停爬桌子，但我還要幫助其他孩子。

我知道莉莉媽媽有點為難，但她很關心。她提議說：「嗯……或許莉莉覺得困惑，因為在家裡，她是坐在凳子上，旁邊坐著姊姊。」

我突然有些疑惑，想了一下。莉莉是不是混淆了桌子和凳子？不過不可能，莉莉太聰明了。

莉莉媽媽介入以後，開始阻止她爬到桌上，莉莉變得難過起來，開始哭叫，大發脾氣。我看到了這種情況如何使莉莉媽媽動搖。我問莉莉媽媽：「她以前有過這種情況嗎？」她擔心地說沒有。我感覺到莉莉媽媽認為，莉莉是真的想要吃東西，所以希望我能改變既定的規則，讓莉莉可以吃東西。我心裡的確出現了要這樣做的想法，因此我不禁質疑起自己。

莉莉激烈哭鬧掙扎了五分鐘，最後終於冷靜下來，坐在媽媽身邊一會兒，接著又開始玩，完全沒想要吃一口香蕉。

雖然莉莉的狀況看起來不錯，但我還是不舒服，因為我知道莉莉媽媽為這件事而感到困擾。過了幾分鐘，她想起來：「過去五週有親戚住在我們家裡……雖然很開心，但也出現了爭執和壓力，也許……。」

原來如此！或許甜蜜溫柔的莉莉有些感受哽在心裡，所以她需要釋放，需要RIE環境的療癒「接受所有感受」，加上我們的耐心，以及堅持到底的不妥協。

幼兒天生具有自我療癒的能力，各位注意到了嗎？他們有時候發脾氣，是因為當時不舒服，例如疲倦、肚子餓。但有時候，他們會表現出累積在心裡的內在感受，看起來好像故意、不合理地想要測試我們的界限，而我們的溫和堅定，可以讓他們打開洩氣閥，讓他們得以釋放這些感受。唯有我們溫和堅定地把持底限，勇敢接受孩子的感受，這個過程才有意義。

藉由莉莉的經驗，我再度深深感受到，我們必須相信孩子的自我療癒能力，也確信每個人的感受都是絕對完美的。

接下來一週，莉莉在課堂上做了一件從來沒有做過的事。她進入教室時，直接爬到我身邊，把頭放在我腿上。好像在為上週我們的潰敗說謝謝或對不起。我真的比較覺得她是在說謝謝。

【第二十一章】家有新生兒症候群

某次，我降落在加州洛杉磯國際機場，正在等候行李，目睹一場憤怒的交流。我轉向身邊的行李旋轉帶，只見一個三、四歲女孩，全身掛滿了豐富多彩的旅遊標誌——鮮豔圖騰的內搭褲，時髦的T恤，粉紅色塑膠電影明星太陽眼鏡。女孩好像正在圓點背包裡面伸手掏來掏去，她的父親瞪著她，生氣地說：「對妳妹妹好點行嗎？」

隔幾步的地方站著她的母親，母親抱著小妹妹（約十二個月大），也瞪著這個小女孩。小女孩一直故作鎮定，但卻迴避父母的眼光，看起來似乎很孤單無助，像一個與家人疏遠的「問題兒童」。

如果這場迷你劇是這個小女孩與家人典型的互動，那麼小女孩對妹妹的感覺，除了怨恨又還有什麼呢？

對於幼兒的最大影響，就是有新成員到來或即將到來，或是新的弟弟或妹妹，無論家長如何小心謹慎處理，家庭動態都會完全改變，對於家中最年輕、最弱勢、最敏感的成員，影響也最大，會引發各種行為變化，包括發育倒退、情緒起伏、過度試探。

我在與家長進行諮商，談論關於幼兒突發的極端行為問題時，我會問很多問題，扮演偵探角色，盡量了解所有孩子的問題，以及家庭動態變化。往往在某些時機點，我只需要問（其實大致已經知道答案）：「過去幾週或幾個月，家中是否曾發生過任何重大變化？」

在許多情況下，答案都是：「喔，我們家裡多了一個新生兒……」，或「我現在懷孕後期……」

在不容易處理的變化期間，有一些重點請銘記於心：

1. **請對孩子有合理的期望**。無論大小孩心裡有多麼期待弟弟或妹妹，現實中，家長的關愛都會有所轉變，使孩子感到失落。孩子通常會感到難過、悲傷和憤怒，有時還會生氣或內疚，主要都是擔心會失去父母的愛。

這樣的動盪局面中摻雜有不知所措的情感，孩子很難明白（他們說不出來），所以會藉由反抗行為表現出來，有時候會顯得很激動，可能還會有極端的情緒起伏。

尤其是在這個變化期間，由於家長一直認為孩子是充滿愛心、可愛又樂於助人的大姊姊，所以可能會在此時發現孩子不討喜的另一面，而倍感驚訝。或許孩子的行為會觸動父母的神經，但請注意，此時孩子正經歷一場情緒危機，她更加需要父母愛與同理心的保證。

2. **鼓勵孩子表達感受**。家長可以用幾個重要的方式，來幫助孩子健康地表達自己的感受：

①如果孩子對寶寶的行為有點超過，例如太用力親或拍寶寶，或在寶寶躺的床上跳，家長可以冷靜有自信地表達限制（「我不能讓你……」），接著陳述實際的感受，例如「對於寶寶的存在，你是不是覺得不舒服？妳不喜歡寶寶在這裡？大姊姊常常會有這樣的感覺。但我要幫妳從床上下來。妳可以坐在我的腿上，我很喜歡，也可以在我身邊的地板上跳。」

②經常好似不經意地提起那些負面的感受。例如「有時候要當一個大姊姊很難。會對寶寶或爸媽生氣是很正常的，還會不知道為何覺得傷心、擔心或難過。如果妳有這種感覺，我想知道。我會永遠理解妳、愛妳，我希望幫助妳。」

對孩子談論這些感受，各位可能會覺得有點違背常理（這樣難道不是在鼓勵她對寶寶升起負面感受嗎）。但事實上，越是接受、認同孩子，甚至包容孩子的負面想法和情緒，你將能為孩子與弟妹之間建立起更多空間，形成真正的愛的連結。

3. 可是我小孩看起來好好的，幹嘛要提那些負面感受？有些孩子似乎很能適應家中有新成員的生活，與寶寶和平共處。所以為什麼我們還要提這些不存在的問題？

我認為，比起那些公開抗爭的孩子，這些似乎更能接受和容忍生活出現巨大變化的孩子，更需要較多的鼓勵才能表達心中的負面感受。無論變化看起來多麼正面積極，依然有著會讓人感到害怕和失落的成分。無論是大人或小孩，如果這些感受得不到解決或宣洩，就會被內化。你可能有一個乖孩子，但她很可能內心遭受煎熬。

4.避免說出會引發孩子內疚的發言。父母在期待第二胎時，親朋好友經常會提供意見給家裡的大孩子，例如「哇！我看妳等不及要當大姊姊囉！」他們會漸漸感覺到，當一個大哥哥、大姊姊好像並沒有那麼好，大家關注的焦點已經轉移，不再那麼重視他們。他們會覺得未來變得不確定，好像只會越變越糟。他們需要有人了解自己的痛苦，有人可以向他們保證，他們的感受（尤其是負面的）是完全正常的，以免他們將這些感受藏在心裡不說出來。

5.不要批評。再度提醒，孩子測試父母底線的行為，是內心痛苦和混亂的表現，代表我們需要調整期望，理解孩子。

當我們把一個行為標上「不乖」、「刻薄」、「壞」等標籤，孩子就會把這些批評與自己畫上等號。因此，他們不僅會行為惡劣，連他們本身也是惡劣的。當他們在這世界上最信任、最需要的人說他們「不乖」，他們就會相信，而這樣的自我厭棄將會深植於他們內心。

6.緩解緊張情勢，別為小事抓狂。家裡第二胎的出生環境，與前面的大哥哥、大姊姊非常不同。有哥哥姊姊是令人開心的一件事。因此，如果可能，請盡量讓事態的發展順其自然。家裡的聲音當然會變得比較大，環境也會比較混亂，寶寶玩遊戲的時候也有較多的干擾。當姊姊在跟寶寶「一起玩遊戲」的時候，只要兩個人都很安全，請容許姊姊可以拿走寶寶的玩具。請了解，對大小孩來說，這種爭寵的衝動是很強烈又具有象徵性意義的。

大部分嬰兒都不太在乎玩具被拿走，會在乎的其實是父母。事實上，這是嬰兒與其他小孩一起玩的方式。你越不去注意這些無害的行為，大孩子就越不會想要展現這種行為。

7. **了解孩子對信任和獨立自主的需求**。盡量找孩子幫忙，特別是關於照顧嬰兒的事。孩子情緒失控的時候，有機會感受獨立自主會讓他們比較冷靜。但如果孩子拒絕，不要覺得失望，因為說「不」也是他感受獨立自主的一種方式。

8. **一對一時間**。單獨與孩子相處的時間是必要的。無論是寶寶還是大小孩，相處時間都是重質不重量。

每天空出至少二十分鐘，把注意力完全放在大小孩身上（這可能表示要早一點將寶寶送上床睡覺）。然後，當你必須處理寶寶和大小孩之間的紛爭，你就可以從容地接受並說：「我在餵寶寶的時候，我看見你有點難受，我知道那很不簡單。我很期待等寶寶晚上睡著以後，我們有時間相處。想想等下你想和我一起做什麼？」

9. **培養寶寶獨玩**。第二胎的寶寶能夠自我娛樂，無疑是上天賜福，因為獨玩的寶寶使父母有時間與大小孩共處，不會受到寶寶的干擾。

提供一個安全、封閉的遊戲空間（第一個月可以使用嬰兒床或圍欄），就可以不必時時監控。而家裡的大小孩也可能需要這個限制，因為他們會有測試父母底線的衝動，想要去打擾寶寶。

10. **尊重孩子對於界限的持續需求，心平氣和做個時時在他們身邊提供協助的父母**。雖然在這個過度時期兼情緒風暴期，父母可能會因為極度疲勞和內疚而導致放鬆限制，但此時此刻，孩子對於限制所代表的愛和安全等需求卻比從前要更大。

此時孩子需要我們就事論事，像是提醒他們：「你現在很興奮，所以我不想讓你摸寶寶」，或給孩子選擇「我帶寶寶上床睡覺的時候，你可以安靜待在我旁邊，或是到隔壁房間玩」。有時孩子會進一步需要我們溫和堅定地以身體語言來表示，他們是否適合待在某個場合或情況下。

最關鍵的是，我們要在失去耐性或覺得孩子「不乖」之前先干預孩子，因為這是孩子需要的，但我們必須對一切抱持信心、冷靜、耐心和同理心。

【第二十二章】常見限制誤區

免責聲明：在多元化與意見分歧的教養指南世界中，某種方式對某些父母來說是錯誤，但對某些父母卻可能是最好。

再進一步說明得更清楚些，我所定義的「錯誤」，是根據二十多年來我與家長、幼兒們合作的經驗得來，反映了我個人所嚮往的教養目標。有些方法我認為是錯誤的，因為這些方法或許短時間內有效，但卻可能破壞我們的最終目標——與孩子培養出充滿愛與信任的關係。

「規矩」（discipline）這個詞本身的意義就有誤，因為大多數人認為規矩與處罰（punishment）是連結在一起的。從《牛津字典》第一條解釋可以看出處罰與規矩的相關性：「規矩——使人們可以遵守規範與行為守則的訓練，如有違反則以處罰糾正」。

我認為，處罰與守規矩連在一起是最大的錯誤，因此我拋棄牛津大學的解釋，採納瑪德．葛柏《親愛的父母：懷著尊重照顧嬰兒》（*Dear Parent-Caring for Infants With Respect*）的定義：「發展自我控制能力與個性的訓練」。

瑪德的定義比較符合英文原始來源——拉丁文*disciplina*，意思是「指示、知識」。

因此，規矩可以教育我們的孩子認知到何為適當的行為、價值觀，以及如何控制自己的衝動。以下將解說一些錯誤的教學方法和誤解：

處罰。處罰（包括打屁股、暫時隔離、「恐嚇後果」等）之所以是錯誤的有幾個原因。其中最重要的原因是，由於孩子生理或心理承受了痛苦，因此他們往往學會不再信任我們，也不再相信自己。在人類最軟弱的時候，希望他們能夠透過痛苦和羞恥來學習（相較之下，一個健康成人絕不會接受這種方式）一點意義都沒有，不是嗎？好比你去大學修課，卻因為學得不夠快而被打屁股或暫時隔離，這簡直令人無法想像吧？

即使處罰沒有長期負面的影響，也根本是沒有用處的。唯有建立起與孩子之間的愛與信任，才能使孩子遵守我們訂下的行為規範，也才能讓孩子接受我們的價值觀並主動想去做。如果破壞了這種關係，規矩就會變成親子之間的紛爭。

將孩子視為「壞小孩」，認為他們不需要幫助。在我的親子指導班中，有個小孩的行為可以被歸類為「壞」。他動不動就會測試父母的底線，這可能是因為他溫柔和藹的媽媽很難狠心設定限制。媽媽承認，孩子的行為讓她感到不安，而這種不安又會反過來困擾孩子，因此孩子選擇用行動來發洩。

有時候，我會平靜地跟著這個男孩，擋住他，使他不會推打其他十八至二十四個月大的孩子。當我感覺他出現激烈的舉動，我會伸手擋住他，以陳述事實的方式告訴他：「我不會讓你推人。」或輕輕把他帶離推打的對象並說：「這樣太粗魯了。」

提醒他動作要輕柔根本毫無意義（事實上，這樣說反而有辱他的聰明才智）。他很明白什麼叫做「輕柔」，而且明顯刻意做出了截然相反的舉動。但我常常在課程結束的時候問他：「你今天有沒有什麼不高興啊？」

「噠！」他會若有所思地回答，臉上似笑非笑，眼睛裡面閃過一絲肯定。

一個簡單的接受，加上我平靜、堅持到底的態度，通常就能緩解他的行為。

幼兒喜歡受到理解。他們還需要知道教他們守規矩的老師態度平靜、臨危不亂，不會因為他們的行為而感到困惑。

這就是我在面對孩子不當行為時所採取的應對方式。不當行為的出發點並不是壞的、刻薄的，或是想要使父母生氣難過的。那只是孩子尋求幫助的訊號。

幫我吧，我累了。

幫我吧，我血糖降低了。

幫我吧，不要讓我打朋友。

幫我吧，讓我不要再來煩你、激怒你。

(最好是在我做這些事之前就先阻止我)

幫我的時候請保持冷靜，這樣我才能知道你有能力幫助我。

幫我的時候請帶著同理心，這樣我才能知道你了解我，依然愛我。

幫我吧，讓我可以不再衝動和受到干擾，變得愛玩、快樂、自由。

【第二十三章】 不吼不叫，設定限制

我在前一章解釋了為何處罰孩子和將孩子的不當行為視為「壞」，會破壞掉有效和相互尊重的紀律。

下面有一封電子郵件是我與蘿倫的討論交流（她是一個小孩的媽媽），內容是關於設定限制時一些常見的錯誤：

- 吼叫。
- 沒有及早設定限制（往往會導致孩子出現大吼大叫或類似的行為）。
- 虎頭蛇尾（也可能會導致孩子大吼大叫）。

珍娜妳好，

我成為妳的讀者約有一年，ＲＩＥ原則已經成為我與女兒不可或缺的。我是一個家庭主婦，令人難以置信的是，我在設定限制的時候，只要能注意保持態度和語氣冷靜，我們的生活就一天天變得更好。

但我的問題在於，我做得並不好。有時候在兩歲半女兒催命奪魂的索求之下，我會崩潰，忍不住大吼大叫起來。

我想要問，不知妳是否有任何建議，可以讓我持續保持冷靜，態度一貫？我非常相信妳的理論，但我需要在當下可以有一些方法來處理自己的挫折。

雖然我知道，期望女兒能知道她已經快踩到了我的底線是不合理的，但我還是會禁不住地想，「來吧，孩子，我已經試過幾次，確信我的語氣可以很堅定而尊重，我再也不會大吼大叫了！」

很多時候這樣做確實有效，我看起來也似乎已經得到足夠的動力，但問題是，我三不五時還是會掙扎。我敢確定，如果有其他家長問我同樣的問題，我絕對知道該怎麼跟他們說，然而在實行的時候，情況卻越演越烈，想要保持態度一貫實在不是一件容易的事。請問有沒有什麼好辦法？

感激不盡。

蘿倫

蘿倫妳好：

兩歲半是一個索求頻繁的年齡，但「頻繁」不該是常態，因此對我來說這是一個線索，表示妳和女兒的互動可能有一些使她不安的元素。但如果她覺得只要觸動妳的神經，妳就可能會爆炸（開始大吼大叫、沮喪等等），她就會繼續索求。

珍娜草書

謝謝妳，珍娜。她絕對知道她在戳我的神經，我敢肯定。不過我前面說她索求頻繁，事實上並不是很公允的描述。

她獨玩玩得極好，我們也是盡力培養她的獨立性，讓她帶領我們。例如她剛學會自己打開紗門，我覺得這樣很棒，因為我們家有個圍起來很安全的後院，隨她喜歡愛玩多久就玩多久。

說到觸動我神經的例子，像現在她學會打開紗門，有時她會沉迷於往外面丟東西，除非我們把門鎖上，不然她不會住手。不論我們說什麼，不論我們如何冷靜地說：「我不讓妳這樣做。」她還是依然故我，怎樣都不停手。關鍵是，我不想加工把門鎖起來。我希望她能照我說的做。

我想我的感覺是（我知道這是個完全不合理的期望），我希望她能明白我們如何努力做一對尊重孩子的父母，在她能掌控的範圍內盡可能給她自由，讓她獨立自主；而當我們說「不」的時候，我希望我們能夠抱持肯定的態度並尊重孩子。在我們好言相勸之後，如果孩子依然我行我素，我會覺得好受傷，認為孩子不尊重我，我要做很多努力，才能不會以為孩子是在針對我個人。

例如，我想要做得更好的是在出聲警告之後告訴她：「我現在要把門鎖上，因為妳沒辦法克制自己不要把東西往外丟。」接著從容不迫地站起來執行。

我想我的問題就是我現在說出來的，是我給她太多機會，多到我無法處理，變成孩子要靠自己。我努力給她機會，讓她選擇我要她做的，結果我卻將自己推向不知所措的境地。

所以，給孩子機會自己做選擇，或是不要以限制來干涉孩子的獨立性，這兩者間究竟該如何取得平衡呢？

蘿倫

嗨，蘿倫：

沒錯！妳回答了自己的問題。妳說：我想要做得更好的是在出聲警告之後告訴她：「我現在要把門鎖上，因為妳沒辦法克制自己不要把東西往外丟。」接著從容不迫地站起來執行。我想我的問題就是我現在說出來的，是我給她太多機會，多到我無法處理，變成孩子要靠自己。我努力給她機會，讓她選擇我要她做的，結果我卻將自己推向不知所措的境地。

看來妳似乎對於幼兒有太多期望，因此誤以為她有什麼「不當行為」。是的，她能明白妳所想的，但是她卻無法迅速遵從妳、尊重妳，然後照著妳的期望去執行。這不是因為她想要刺激你，這叫做兒童發展。

現在妳女兒的發展來到一個重要的關鍵，她需要測試她的力量和意志力，同時她也需要得到保證，知道自己的父母準備充足，有能夠完全包容她的力量，所以幼兒會抵抗我們。為了測試意志力，他們不能說：「是的，媽媽，我會照妳的意思做。」因此，反抗在這個年齡階段是正常且健康的。然而，若幼兒感到自我過於強大，將會令他們不安甚至驚恐，害怕自己竟能觸動父母的神經，使父母動搖、憤怒，或者有能力自己做困難的決定（例如要放棄自己的意願，遵守父母指示，停止丟玩具）。感覺自我太有力量，就是感覺沒人照顧，幼兒能非常敏銳地感受到我們的關愛。

妳的女兒想要也需要妳貫徹始終——把門鎖上。接著，如果她有什麼需要表達的感受，請接受她、認同她。她需要與妳有所連結，一如往常地，也需要妳照顧她，但她最不需要的就是妳對她生氣。如果妳覺得有點火大，表示妳已經給了她太多機會和選擇。我們可以從她的所作所為清楚看到，她需要妳的幫助。

我想，她可能也在表達她累了、餓了、需要釋放一些糾結的情緒。但有一點是可以肯定的：她在要求妳給她一個限制，而妳的態度要平靜、尊重，讓她能再度感受到妳對她的關愛，知道自己很安全。

我自己是會靠近女兒，讓她看清楚我的眼睛，婉轉地告訴她不要那樣做

（「請不要把東西往門外丟」）然後說：「我請妳不要把玩具往門外丟，妳卻不聽，所以我要去把門鎖上。」她可能會產生抱怨的反應，甚至會抓狂，但她的心裡也將會大大鬆一口氣——媽媽阻止了我，她還沒有生氣。她好像很有信心照顧我。

照顧自己和孩子，養兒育女最重要的就是要依照這種優先順序來調整，而這也會讓妳感到非常自豪。孩子不喜歡被認為是煩人的、令人沮喪的、討人厭的，我們也不應該嫌他們討厭。但是，如果我們沒有建立必要的限制（請及早規劃），就會悄悄滋生出厭煩的情緒，毒害親子關係。

我希望從這個角度可以給妳一些鼓勵。妳需要保持溫和而堅定。

溫暖的祝福。

珍娜

【第二十四章】恐嚇的真相

當我們巡航在「守規矩」這類棘手的教養領域中，我們可以定期反省一個重要的問題：我們終極的教養目標究竟是什麼？

如果我們的首要目標是想要與孩子建立持久的連結，那麼不斷重複說著「使孩子理解」「灌輸孩子這個概念」「讓孩子做這些那些」時，很明顯表示我們已經脫軌了。

操縱孩子並不是教養的好策略，除了破壞，一點幫助也沒有，因為操縱所創建的是親子互相對立的關係，卻不能營造有效指導孩子所需的正面關係。

雖然用後果來威脅孩子（consequences），在以尊重的態度讓孩子守規矩方面的確具有重大意義（下文將詳細解釋），但很多時候，這種方式其實是沒用的：

這只是處罰的另一種溫和說法。如果孩子表現了父母所不樂見的行為，處罰或許偶而會收效，不過父母往往會發現，處罰只會導致更多處罰。處罰可以說是一種不適任教師，因為處罰所教導的並不是正面的行為。

處罰另外還會導致不幸和不必要的後果。因為處罰會造成兒童內心產生羞辱、怒氣、距離感、被孤立和不信任。而嚴重的處罰或體罰還會製造恐懼、暴怒、無助和絕望。

心理學家保羅・布倫（Paul Bloom）在研究嬰兒與道德方面非常出色，研究顯示，即使是最年幼的嬰兒，對於公允也有基本認識。以尊重的態度告知孩子事情後果，孩子會覺得比較公允，但這並不表示他們不會反對。他們還是可能會反對，而父母必須要接受孩子的不同意見。唯有孩子能感受到我們的真誠和公平，才能使親子之間維持甚至加強信任關係。

我們覺得處罰不足為道，事實也的確如此。畢竟難道我們會希望這就是我們對孩子的身教嗎？

處罰與當時的狀況沒有連結，或是使事件拖太久。孩子啟發我們的許多事情之中，其一就是活在當下。孩子時時刻刻都在前進。年紀越小的孩子，遺忘的速度越快，他們無法將自己的作為與我們解說的後果連結在一起。所以，若我們要給孩子設定任何限制，就必須劍及履及、即知即行，不要猶豫不決、醞釀等待、忍氣吞聲。

處罰之前想一想，我們是否本可以預先設定限制，以避免這個後果。大小孩需要能保護自己的計畫（例如使用高的桌子），以避免嬰幼兒出於好奇探索而搗亂。對大小孩或是小小孩來說，既然有辦法事先防範，無論父母允許哪一方造成破壞性事件，都是不公允的。

處罰包括強制道歉或其他違背內心真實感受的方式。強制道歉、寬恕等任何其他行為，會教導孩子許多沒有意義的事：不要相信你的真實感受，為了取悅大人要假裝感受，把「對不起」當作藉口或欺騙等等。

教導孩子關於事情的後果，以下的幾種方法才是有效、尊重孩子，而且還可以幫助建立親子關係的：

1. **符合邏輯、合情合理，考慮符合孩子年齡的適當選擇。**「我不會讓你把這些積木丟到窗外……我知道要你不丟出去很難，但你可以先丟到地毯上或是籃子裡面，不然我只好把積木拿走了。謝謝你讓我知道你需要幫助。我要把積木拿走了。」

2. 說話要溫和堅定（而不是威脅），然後放下，繼續前進。對於大多數父母來說，這指的是我們必須及早設定限制，以免落入生氣煩惱的境地。

3. 要接受孩子的觀點和感受（無論看起來再怎麼不合理）。「你想留在公園玩，但你總是會去打你的朋友，所以我覺得我們必須離開。我知道你因為這樣很生氣。」

4. 父母的反應要前後一致，可以預測，讓孩子可以鑑別。「你吃完了嗎？你站起來，這表示你吃完了……好吧，你現在坐回去，表示你還想吃，請你吃完再站起來……喔，現在你又站起來了，所以我會把食物收起來。謝謝你讓我知道你吃完了。……你不高興我把食物收起來。你不想要我這樣做。我了解。我們等一下還會再吃」。

5. 真誠表達我們的個人限制。針對主張溫和紀律者，我有以下一些不同的意見：

一位參與我課堂的家長（一位最尊重、關愛孩子，隨時陪伴在孩子身邊的偉大媽媽）參加了廣受歡迎的溫和教養專家所舉行的講座。這位媽媽最大的挑戰是不能有信心地設定限制。如果狀況是屬於她的個人界限範圍，或不屬於明確的安全問題，她尤其容易陷入自我懷疑和內疚。她問專家，有一次她開車載著六歲女兒到朋友家去赴一場遊戲的約會。女兒在車上與小弟弟鬧脾氣，一直尖叫個不停。媽媽耐著性子，多次要求她別鬧了，但女兒依然故我，讓媽媽實在無計可施。她問專家，是否可以告訴女兒，如果她繼續大吼大叫，她就會把車掉頭回家。專家的回答是「不」，因為這個後果是父母強制的。

說實話，聽到她這樣說我都快抓狂了。這位媽媽最需要的是支持她設定限制，堅持到底，結果卻相反，她的想法卻遭受反對。

諷刺的是，這個專家的特殊專長就是協助父母不抓狂，但她卻忘記了不抓狂的一個重要關鍵：家長需要最大的鼓勵，才能努力保持冷靜、誠實、公平、有自信，如此一來，他們才不會對孩子抓狂。他們需要得到許可，告訴他們能夠把車掉頭。除非孩子畫畫、做美勞以後將環境整理乾淨，否則下次不能把美術用品拿出來，以免弄得一團亂。如果孩子不穿衣服就不能出門去公園玩。「你說你今天想去公園玩，但除非你把衣服穿上，不然我們時間會不夠。要不要我幫你？」或「我覺得越來越累了，所以如果你想要我念兩本故事書給你聽，請趕快刷牙，這樣既幫了我也幫了你。」或「我看你好像沒去參加聚會很失望，但你不停尖叫，我真的不能忍受。」

警告後果與處罰之間的本質差別，在於家長是否誠心誠意說出心裡的話。我們不能為了要成為溫柔的父母，就放棄個人的界限。堅守限制，這種身教才會真正帶來良好的後果。

【第二十五章】 讓孩子擺脫界限不清的困惑

我在帶第一個孩子的時候，為了學習認識和有效回應她測試底線的行為（在她即將滿一歲的時候，這些行為莫名地突然全冒出來），著實費盡苦心。最近有位父親前來諮商，他分享了一個比喻，剛好正中紅心，幫助我了解了一些個人的困擾，也釐清了一些觀點。

他與妻子對於孩子的需求和依附一向小心謹慎地處理，但孩子的行為反而變得更加激烈和頻繁。我建議他們要更直接、更清楚表達，不要怕孩子產生劇烈反應。這時，父親突然意識到，「喔，原來這就好像有人想要約你，你雖然不感興趣，但卻不直截了當拒絕對方，想要讓他們有台階下，然而他們卻沒有接收到訊息，不懂你在說什麼。」

沒錯。這個比喻真是令我心有戚戚焉，因為我以前就是這樣。我避免與人正面交鋒，直接說「不」。我不想冒險傷害任何人的感情，也不想他們對我生氣。我不想被拒絕，雖然基本上是我在拒絕對方。我遵守安全規則，讓自己受人喜愛，且不會產生波瀾。

所以，我的藉口一個又一個，從不爽快承認：「謝謝，但我對你約我沒興趣。」然而男生們還是搞不懂狀況，他們會一直打電話給我（當時還沒有手機可以發訊息，否則我就可以躲起來，真是生不逢時！）所以我只好一直躲避他們。他們追得越緊，我脾氣變得越差。他們都不懂暗示嗎？但是，這究竟是誰的錯？當然是我。

我們與孩子間也可能出現同樣的互動。如果我們沒有明確、直接的表示，孩子就會被我們拉過來扯過去，這通常都是因為我們不想面對事實。我可以理解，孩子尖叫、哭泣和發脾氣都很不好聽，但如果我們只是逃避或不接受孩子的感受，他們通常會持續所謂的不良行為和索求（或暫時停止，但是以後還是會再度出現），結果最後尖叫的是我們。要怪就怪我們自己。

愛孩子，最好的拒絕方式就是信心滿滿地直接告知孩子，而且不要等到我們被激怒或開始生氣才處理。這種方式一點都不嚴苛，也絕對不是處罰性的。這只是表示有所決定，是信仰堅定的投射。

實際上，說「不」最好只是偶一為之，因為如果我們太頻繁拒絕孩子，孩子自會研擬出一套對策。拒絕不像「我不會讓你打人，因為很痛。」或「我不讓你這樣做，因為這樣不安全。」或「現在我不和你玩，我需要做晚飯。」等等一樣尊重孩子，傳遞的訊息也不清楚。

然而，當父母的態度不夠直接、清楚，而導致親子之間出現問題，此時我會鼓勵父母可以說「不」（至少可以這樣想），但是要接著一句簡短的說明。「不」可以幫助家長（以及兒童）清楚眼前的狀況。如果孩子的行為還是不斷在測試我們的底線，這就表示他們需要我們表現得更清楚。他們必需知道我們說話算話，言行一致，貫徹始終，不怕阻擋他們。

然而，如果我們自己心裡不清楚，孩子就不會清楚。所以，關於安全問題，家長往往最容易對孩子說「不」。然而面對其他問題，家長要說得清楚，就得面臨不小的挑戰，像是：

・斷奶。
・離開孩子，但非完全必要（例如在家的時候，我們把孩子留在一個安全的地方玩遊戲，然後自己去上廁所或家中某個地方）。
・睡覺時間和睡眠問題（此時會更不清楚，因為我們累了，防禦力也下降）。
・孩子比較聽父母中某一人的話，而比較不聽另一方的話。
・倔強，磨時間，講不聽。

最近還有另一位家長來進行諮詢，她一直很困擾，無法下定決心對家裡的幼兒設限制。但她把事情說得很清楚，所以我可以幫助她。她告訴我一件事，在某個情況下，她的限制絕對很清楚，就是在停車場的時候，她兒子一定要握好她的手。

每當她提到一個猶豫不決的情況（例如她想要兒子快點洗好澡，兒子卻拖拖拉拉），我就會提醒她，要表達得像「妳在停車場堅持要他握住妳的手」這麼清楚。請記住，我們之後都可以選擇讓限制變得更清楚。

也請記住，幼兒非常聰明，他們時時刻刻都在學習，特別懂得怎樣應付父母。所以，問題從來都不是「他們在學習嗎？」而是「他們在學習什麼？」

當某個情況下我們感到不安或不確定可否說「不」，也許我們會試圖哄騙、勸誘，使孩子就範，此時孩子別無選擇，只能感到不安。

如果我們擔心孩子在受到限制時的感受（也許我們稍加安撫，或說一些話「可憐的寶貝」來安慰他們），那麼孩子將別無選擇地只能對這些感覺感到不舒服。

當孩子感覺我們是在安慰他們，他們會感覺虛弱無能，不能像一個正常的幼兒般活力充沛，因為他們別無選擇，只能繼續扮演我們分派給他們的角色，而這是很不智的。

雪上加霜的是，除了孩子會從與我們的互動中獲得訊息，我們也會從他們那裡得到訊息。所以，在需要發號施令的時候，我們的猶豫會直接影響孩子，使孩子產生不舒服的感受，產生黏人、索求的行為表現。然後我們的擔心終將得到證實：我們看到一個軟弱、焦慮、索求不休的孩子，我們失望但不敢說。這樣的情況將會不斷惡性循環下去。

所以，家長要振作起來，直接給予孩子反應，讓孩子可以脫離這種惡性循環。我們要讓孩子產生力量，而不是讓孩子害怕自己的懦弱。只要我們相信，孩子就有能力處理。

【第二十六章】 如何作一名溫和的領導者

我們所有人內心都深深感受到的自由，來自於我們對自己所處地位情況的了解。

——瑪德．葛柏

一位充滿挫折、精疲力盡的媽媽，希望能對自己三歲的小孩更溫柔、更少些處罰。諷刺的是，要做到這一點，可能反而是要成為更強大的領導者。

珍娜：

我覺得作為一名母親，我已經失敗了。

我有一個三歲大的女兒，她大部分時間都很難帶，我說的還很保守。她一天到晚都在尖叫、大小聲、打人、一直插嘴、發脾氣、說「不」、丟玩具、不聽話……她偶而很乖巧、聽話，是個可愛的小女兒，但這種情況太少了，令人不敢追憶。

我覺得很挫折。非常挫折。

我還有一個八個月大的兒子，時時需要我的照顧，所以女兒特別討厭弟弟。她總是說，我得要先照顧她，然後才是弟弟。她愛弟弟，但我去照顧關心弟弟的時候，她就不愛弟弟了。

我們已經束手無策，只能將她暫時隔離、拿走玩具、讓她提早上床睡覺、打她屁股……我什麼都做過了。我來自一個管教嚴格的家庭，這樣做都是「正常」的，但對女兒根本沒有用。唯一有用的就是讓每個人都覺得糟糕透頂。

我們家一片混亂。我美麗的女兒不但看起來很糟糕，一舉一動都像是受到了驚嚇，因為她討厭處罰……我的兒子也感受到緊張氣氛而出現了問題。我覺得自己是失敗的母親。

我知道妳可能每天都被電子郵件淹沒，但我希望妳有機會讀到這封信，開導一位精疲力盡的媽媽，我實在不知道該怎麼辦了。

誠摯的凱莉

嗨，凱莉：

請原諒我過了這麼久才回信。我一向都會回覆所有電子郵件，只是最近動作比較緩慢，要是有些信件的答案並不簡單，我的動作會更慢。（我知道，這些人才是最需要得到回覆的！）

同時，我也對妳的遭遇感同身受，妳懷疑自己，覺得很氣餒，我很難過。

對我來說，想要從一封電子郵件的簡短訊息，去深入了解一個家庭的互動並不容易。所以我在讀信的時候，會仔細尋覓線索，試圖弄清楚為什麼會發生某些特別的事件。妳的信是這樣寫的：「她總是說，我**得要**先照顧她，然後才是弟弟。」

這種說法，加之她看起來很「糟糕」，實際上她也「尖叫、大小聲、打人等等」，我覺得，妳和女兒親子間的平衡可能不太健康。妳的女兒似乎認為，她可以在不屬於她控制的領域中發號施令。我覺得她感到不安心、不舒服，而妳的反應、妳介入的方式、妳的紀律措施，似乎使她更不安心，讓她沒辦法放鬆，反而讓她覺得更需要測試自己的力量，這樣她才能有回到家的安全感，變得舒服而自由。

那麼，我們該如何幫助她？

首先，我要呼應瑪德·葛柏的勸誡，孩子需要溫和的領導者。他們需要毫無疑問地知道，自己的爸爸媽媽才是掌控大局的人。聽起來或許很理所當然，但是如果家裡有一個個性強悍、鮮明、愛表現說話的孩子，界限很容易會被模糊掉（我也有過同樣的經驗）。

有時候，保持沉默可以在一個過度嚴格的家庭中產生明確的界限。也許，由於我們父母的教育模式，我們會害怕自己也變得過度權威，重蹈上一代的覆轍。我們害怕變得像他們一樣，讓孩子感受不到關愛，拉遠與孩子間的距離，甚至虐待孩子。或者有時候，只是因為我們身為父母的經驗不足，才無法建立健康的界限。

但是，如果我們沒有設定合理的限制，不能堅持到底，掌控全局，孩子將會不清楚界限而**失控**。

妳必須相信，妳的女兒之所以說「妳得要先照顧她」其實是她對自己的說話地位感到很不舒服。（如果是這樣說：「我要妳先照顧我！」則意義完全不同。）她並不想得到力量，她只是覺得很沒有安全感，對一個三歲小孩來說，這樣說話很困難，但她無法察覺這些事，所以我們也覺得很難處理。

失控的感覺會導致更多的失控行為，那些尖叫、大小聲、打人等等的行為會接連使得父母也覺得失控。我們變得無法有信心地帶領孩子，可能會產生憤怒、挫折和絕望的反應。所以我們會想要透過一些諸如打屁股的處罰，還有暫時隔離等處罰性的方式來重新獲得控制權，結果卻遭受孩子抗議，失去了孩子的心。所以我們會覺得好失敗。

如果家庭裡每個成員都清楚自己所扮演的角色，生活就會更輕鬆，沒那麼混亂。那麼，我們該怎麼做呢？

1. **沉著冷靜、堅定溫和地設定限制，而且要及早**。及早設定限制，我的意思是，要讓事情的狀況盡可能很清楚，以免妳女兒開始發作。狀況很清楚對家長也有幫助，定義明確的界限，使我們可以站在高處俯瞰，防止我們山窮水盡，並因為挫折而憤怒，最後訴諸處罰。

舉個例子：妳可以告訴女兒：「我要準備餵弟弟喝奶，然後把他放到床上睡覺，所以等一下我要忙個半小時。如果妳需要什麼幫忙，我可以現在幫妳。」

接著，完成她所需之後（從書架上拿一本書，或是給她一些點心等等），給她一個選擇。「妳可以和我們一起在房間安靜坐著，或到妳房間去玩。」妳還可以問：「等下我在忙的時候，妳在房間要做什麼？」

如果她選擇安靜地與妳在一起，卻沒能保持安靜，開始鬧脾氣，妳可以跟她說：「我知道妳等我等很久，但是我在忙著照顧弟弟，我需要妳幫我。我要妳回去妳房間，自己玩一下或看看書，等我忙完了，我就會有時間和妳在一起。」

如果她想要打妳，妳要握住她的手，告訴她：「我不會讓妳打我。我知道妳很煩。妳可以去妳房間打枕頭，但我不會讓妳打我。」

從妳的信裡可以想像妳女兒的強悍，所以我猜她對於妳設定的限制，會產生（而且還會持續一陣子）強烈的負面反應。不必覺得不舒服，要將她的尖叫、哭泣看成是健康、正面的抒發。做一個幼兒並不容易，做一個姊姊也不容易，因為她得和其他可愛、需要大人照顧的小寶寶一起分享自己的爸爸媽媽。妳要時時接納她的感受：「我知道我忙著照顧寶寶讓妳很難受，要一直等待也讓妳覺得很煩，但我知道妳做得到。」

盡量放鬆，或至少要裝作看起很放鬆，即使女兒在旁邊大吵大鬧，妳也要裝作很平靜的樣子。她最後一定會明白，妳說話算話，她也會養成習慣，找其他事來做，等妳忙完照顧寶寶。

我生第二胎的時候也有類似情形。我的大女兒個性激烈，容易激動，她那時四歲，老是抱怨、哭泣、尖叫不停，但我要餵妹妹，哄妹妹睡覺，時間需要整整一小時，因此只好聽老大一直哭鬧，連續好幾天都這樣。最後，她自己發現等我的時候可以到房間去玩她的娃娃屋，所以後來我在忙妹妹的時候，她就自動進行她的習慣。我絕對相信，她在玩娃娃屋的時候不會太秀氣！

2. **接受她的觀點，不要和她爭辯**。當妳女兒在一個狀況下產生反對妳的意見，特別是如果她說話是以「妳得要」開頭，妳要冷靜地接受，如果妳還有時間，請跳脫這個狀況，想想女兒的感受，但不要當場和她爭辯（說「我才不要」），也不要找她談話，這樣會賦予她力量。妳可以簡短而真誠地回覆，像這樣：「我懂妳的意思了，謝謝妳。我的計劃是這樣……。」

妳也可以說長一點，深入發掘她的感受：新的弟弟妹妹會讓她失去與父母的一對一關係，她可能會難過或生氣。不過，妳要很清楚地讓她知道，妳了解她的感受，但妳才是執行者。她需要妳的同理心，但不是那種「可憐的孩子」同理心，導致無法堅持住界限。事實上，對於轉型期的孩子，堅定一貫的界限更為重要。

3. **請孩子幫忙。**詢問孩子是否願意幫忙，幫忙有助於孩子健康的自主需求，肯定孩子的能力，讓孩子有參與感（不只是照顧弟妹）。

4. **給予保證，一對一的注意力，感謝。**向她保證妳永遠會滿足她的需求，但不見得會完全在她想要的時間中給她。而且不要忘記，每天挪出一段時間完全專注在孩子身上，讓她每天都有所期待。最重要的是，不要忘記感謝她「今天某些時刻很乖巧聽話」。

希望這些建議能夠幫助妳女兒，明白父母在任何時候都會接受和理解她的意見和感受，但家裡的事情（例如要先滿足誰的需求）則是由妳或爸爸來決定，無論她再怎麼反對都一樣。這樣應有助於使她不再那麼緊張，至少可以減少一些混亂，讓妳不再疲於奔命。

保持聯絡，讓我知道最新消息！

溫暖的祝福。

珍娜

【第二十七章】溫和管教沒有用的時候

如果閱讀這本書是因為各位下定決心不再以打屁股和處罰來管教孩子，我要向各位致敬，尤其是以前各位當小孩的時候也被這樣處罰，卻希望能找到另一種比較好的方法來教育孩子。

設定限制、不處罰，真的有用。實際執行起來就會發現它美妙的作用，尤其是等到過了幼兒期以後，需要設定的限制更會變得越來越少。我沒有誇大，每年我都收到數百封電子郵件，心花怒放的父母和我分享他們的成功故事。

不過，我也聽過許多失敗的故事，一些父母堅信他們用的就是溫和的管教法。他們告訴我，一開始孩子的行為可能只是輕微測試底線，但後來變得越來越有侵略性、破壞性，越來越故意挑釁。我聽見五歲的孩子要求很多，總是不滿足；還有學齡前的孩子故意傷害同伴，有的孩子似乎大部分時間不是在生氣就是覺得自己受到傷害。

家長滿心疑惑：我一直努力以尊重的方式來管教孩子，不處罰孩子，為什麼我的孩子還會這樣？

關於這件事，我在重讀了艾克米爾（Suchada Eickemeyer）所寫的部落格文章〈除了「我愛你」，教養孩子時第二有價值的話〉（*The Most Valuable Parenting Phrase After 'I Love You'*）之後，突然有所領悟。她所說第二有價值的話，就是一句關鍵句：「我不會讓你。」艾克米爾指出，「這句話幫助我成為我想要的管教者：負責但不控制，溫柔而堅定，誠實、清楚、直接。」

對於非處罰性的教養方式，一般人似乎常有誤解，以為溫和非處罰性的管教意思是說，避免直接與孩子正面交鋒，其實並非如此，這種管教方式是在孩子需要的時候，單純提供給孩子他所需要的，讓孩子感覺與父母間有所連結。例如，孩子打了狗。在這種情況下，溫和管教是要蹲下來和孩子說話，與孩子眼神接觸，平靜地說：「我不會讓你打狗，狗會痛。」說的時候要握住孩子的手，或阻擋孩子繼續打狗。

我覺得許多家長把這個議題過度複雜化了，可能是因為管教這幾個字與一些相關的用語混淆了，例如「連結」、「需求沒有得到滿足」、「愛玩」等。

連結

是的，孩子需要覺得與有所父母連結，管教才會成功。但是要怎麼做？當我聽到「連結」這個詞的時候，腦海中浮現的畫面是和孩子擁抱、歡笑、一起在草地上奔跑等，而不是禁止孩子讓孩子不高興。立規矩、設定限制的時候，感覺上並不溫暖，連結也很模糊，但絕對必要。以下是兩個最重要的連結方式：

1. **直接與孩子說話**。我聽過的教養建議，大多是在設定限制時，利用一些口語技巧來避免直接與孩子正面交鋒，但卻造成我們需要與孩子連結的時候，反而與孩子產生距離。這類口語範例通常以第三人稱來進行，例如：「不可以這樣……」「媽媽不喜歡你這樣……」「喬伊不可以做……」。然後接著說一些富有哲理的話，例如：「臉不是用來打的」、「馬路不是用來橫衝直撞的」、「朋友不是用來咬的」。

要不然就是請出偉大的「我們」：「我們不亂丟食物」（這時聰明的孩子心裡會想：「喔，是我們其中有人不會丟」）。

以我個人來說，我甚至覺得「親愛的（小甜蜜、小可愛），不要打狗」這樣的話聽起來都不太對勁。在這種時刻說親暱用語，未免感覺有點虛假，甚至有施恩的感覺，尤其是大人明明就已經在生氣，卻還要若無其事假裝疼愛孩子。

只要說「我不會讓你……」（或「我不能讓你……」「我不想要你這樣……」）就可以立即進行一對一連結，並清楚傳達我們的期望。這就是孩子行為不當時第一需要也最需要的連結。任何花招、掩飾都逃不過幼兒的眼睛，他們需要（也值得）一個尊重而直接的答案。等到一切結束，我們還是可以一起在草地上奔跑。

2. **接受並表現同理心**。當我們在設定界限時，孩子也需要知道他們的觀點和感受有得到理解。通常最好的方法是，先設定界限（對孩子說「我不會讓你……」），再表現同理心。但同理心是用來理解孩子、支持孩子，不是和孩子一起陷入混亂。換句話說，請以口語來呈現事實（「你剛剛生氣，是因為不能再多吃一塊餅乾」），如果孩子因為受限而產生情緒反應，你不必生氣退縮，這種連結對大人和孩子都沒有好處，只會讓我們身心俱疲，模糊我們的思緒，反而更不可能進行有效的指導，使孩子這艘小船得不到大錨可以依靠。

需求沒有得到滿足

孩子十八個月大的時候，大部分已經完全懂得許多我們不想要他們做的事情了。那麼，他們為什麼還是要做呢？原因可能很多，但在孩子出現測試底線的行為之際，我們最需要做的，是要去滿足孩子當下最大的需求，之後再去找原因。如果我們只是想要找出孩子行為的原因，而沒有立即斬釘截鐵地設定限制，孩子所得到的訊息，就會是搖擺不定，模糊不清的，而這不是孩子真正需要的幫助。

當孩子行為失控，他們大部分的需求通常只是要大人的關注，這份關注是特別的，那是對孩子的行為以及我們的期望，給出溫柔堅定的認同和接納。

愛玩

凡是認識我的人都會說，我是一個愛玩鬧的大人也是家長。當我對自己的領導具有充分信心的時候，我喜愛和孩子之間真誠、自然的玩鬧、開玩笑。若能樂在其中，玩鬧將是一件非常棒的事，可以鼓勵孩子與我們合作，願意整理玩具或刷牙。但是我並不建議在設定限制的時候，用玩鬧來取代（或穿插）孩子所需要的連結、誠懇、明確的回應。

對於一些建議父母以玩鬧的方式來進行的教養法，我覺得這樣反而會讓父母感到壓力，覺得好像應該要永遠讓孩子開心。如果我們認為這樣做是健康的，或這是通往真正快樂的途徑，那麼大多數人都會努力去做。然而，真實生活並不會永遠開心，親子關係也不總是會令人微笑的。孩子都很清楚這一點，而無論快樂與否，他們都值得我們為他們努力。

【第二十八章】 教養倔強的孩子

多年來我透過觀察幼兒、教導父母，覺察到一些自己的學習過程，我越來越著迷於人性的學習方式。但有一件事我覺得特別諷刺，我們能提供一次又一次有用的訊息或想法，但不知為什麼，我們卻無法將這些訊息和想法付諸實際行動。但後來我們遇到同樣的事在不同場合條件下發生的時候，又會突然想起來，好像是上天的啓示一樣。

我和朱麗葉有過幾次會晤，她是一位很投入育兒，充滿愛心的媽媽。我得到她的允許，在此分享她的轉變經驗，這是她對自己倔強女兒採取「溫柔領導」法的個人想法：

過去四個月左右，我彈盡援絕，精疲力盡。妳知道，我的女兒克萊兒是個倔強得令人難以置信的孩子。她個性極強，我很少看見她和別的孩子搶玩具搶輸，即使那個孩子年齡比她大。她不但意志力堅強，身體也很強壯。

我非常佩服她，也覺得很有安全感，因為在我還是小孩子的時候，我學會放棄自己的力量，為的是確保身邊的人大家都舒服快樂。後來我花了好幾年才學會堅持立場，不要太去擔心其他人。當然，我自己的女兒讓我學習得更加深刻！

由於克萊兒已漸漸長大（七月已滿兩歲），她的決心和意志力變得更強，我一直以為自己很堅定，但老實說並沒有。我雖然沒有處處限制她，但面對她的行為，我的強硬並沒有什麼幫助。有時候沒有辦法，我必須把她抱起來，她卻不想讓我抱，我必須費盡千辛萬苦，運用所有方式，才能有效又溫和地達成目地。我發現自己受到她的反應影響而有點氣餒，因此在心裡忿忿不平地對自己說：「哎呀，孩子，妳就不能放鬆一點嗎？」

我現在發覺，她已經感覺到我的決心變得越來越弱，認為媽媽的力量不夠，沒辦法約束她，不過她也感覺到自己的力量太強，甚至更感受到我認為她太過份的不安訊息。

我讀到前面關於設定時間的文章（第十一章），心裡產生了一些轉變，我覺得事情完全變得不一樣。我發現我強得足夠處理她的反應，根本沒必要與孩子互相抗衡。我只需要傾聽她的聲音，堅定地陪伴她，引導她到達應該去的地方。我的認知改變之後，每天再也不會筋疲力盡。過去幾個月，我喪失了身為母親的喜悅，但如今終於又重新獲得了。

有趣的是，所有的改變都是在我心裡，我外在的行動與從前並無二致，但內心的轉變卻使克萊兒變得更願意與我合作，我也更能為她著想。

克萊兒變得不太需要去測試我的底線，看起來變得更快樂。我自己在這個年紀的時候，我媽常不知該怎麼對付我，所以我在成長過程中遭受很多創傷，失去媽媽的支持，學會懼怕媽媽。而這次有機會以如此尊重孩子的方式來引導克萊兒，無論對她還是對我來說，都是最好的禮物。

以覺察自我的方式來教養孩子，將能拋卻既有的自我，重新發現新的自己。謝謝妳的指導。

祝好。

朱麗葉

【第二十九章】當尊重變為放縱

親愛的珍娜：

我是一個兒童發展心理學家，也是一個教授，我好愛妳的網站和部落格。妳對兒童發展的解釋非常有一套，妳的方法也受到許多學術界團體的認同（至少是在我的研究領域）。

近來在我腦海裡一直縈繞著一個問題：不同年齡的孩子，如何確定什麼樣的期望對他們來說是適當的？我的兒子快要到學步期，我希望自己能盡量預先準備好。我想要知道，妳如何判定對某個年齡階段的孩子來說，什麼才是適當的期望？

例如，最近我們有一些朋友聚會，當他們帶著三歲女兒一起出門，女兒想要穿媽媽的鞋走去坐車，這表示整個過程可能要花費更多的時間。在這種情況下，父母應該如何做出適當的反應呢？

在另一場聚會中，朋友的小孩用頭去撞地板、發脾氣。媽媽又該如何反應呢？

感謝。

米雪

嗨，米雪：

謝謝妳的來信和問題。妳讓我想了好久。首先，在妳給我的兩個例子中，我看到兩者所共同需要的——平靜的家長。然後「適當的期望」一時使我語塞，不過我終於了解妳問的其實是適當的行為，這兩者稍微有點不同。

我們怎麼知道該讓孩子做什麼，或不該讓孩子做什麼？什麼又是孩子的真正需求？我用妳的例子來說明，下面是我舉出的一般通則：

接納

時時接納。孩子需要能夠自由表達自己最深層、最陰暗、最怪異、最離譜、看來最不適當的感情。

情緒與「自我」深深地緊密連結著，所以從嬰兒時期開始，孩子就需要知道我們會耐心傾聽和接受他們所有的感受，我們也要盡可能去了解孩子，面臨不去遏制感情的挑戰（不要分散孩子注意力或做出處罰孩子等其他沒有意義的反應），並且不要讓情緒爆發過於影響我們。我們不要吸收孩子的情緒，而是要去傾聽和支持孩子。

我發現，提醒自己我們無法控制其他人的感受很有用。我們只能控制孩子是否可以自由表達感受。鼓勵孩子表達感受，並接納孩子的感受，攸關孩子的情感是否健康，對孩子的自我價值也有很大的影響。

幼兒發脾氣，是因為他們已到臨界點，無法控制過度的情緒，需要釋放。由於盛怒或挫折而倒在地上用頭撞地板的孩子，他需要父母的冷靜和理解，才能充分表達這些感受，而不是處罰甚至「安慰」，這將使他們無法宣洩情緒。

孩子的情緒必須要有抒發的有效管道，而大人要接受事實狀況，並擁抱孩子。「哇，蛋糕好好吃，我說你不能再吃，你就生氣了。你真的還想再吃。」

如果孩子撞頭變成習慣性，務必要徵詢專業人士，一般孩子不會故意傷害自己的。父母做出的最好回應是：態度沉穩、寬容，當下或許可以拿枕頭墊在孩子的頭下面（「我把這個放在這裡，這樣你才不會受傷」）。

如果我們也跟著起舞，情緒激昂，想要處罰孩子（也就是說，我們被孩子的行為觸動了神經），孩子可能會意識到這一點而重複不當行為。

接納孩子安全的探索，自我引導的遊戲。對於年幼的孩子來說，遊戲、探索和實驗，主要應該都是自主選擇的。遊戲並不總是我們所認為的樣子，孩子的選擇會給我們帶來驚喜。促進和觀察孩子自主引導的遊戲，是照顧嬰幼兒最大的樂趣之一。對我們的孩子來說，這種自由是一個基本需求（而且可以幫助孩子更容易接受我們的設限）。在理想情況下，我們提供機會和材料，然後放手讓孩子獨力進行。

孩子想穿媽媽的鞋子，只要媽媽願意，我不認為有什麼問題。不過，我會在下面解釋，孩子對探索的需求，並不意味隨時隨地都可以讓他們愛做什麼就做什麼，必須得在我們認為安全或適當的情況下。

設定限制

基於安全而設限。意思是說，要注意孩子撞頭的情形，是否為不由自主的暫時階段（只要我們能保持冷靜，很可能只是暫時的）。

要穿媽媽的鞋走到車上是一種冒險行動，無關實驗健康與否。我認為，這孩子表現的想法和「索求」，是對於父母的領導和限制真正感到很自在。

當孩子在測試底線，請設定限制。我認為孩子想要穿媽媽的鞋走上車，是想要知道自己的想法是否能獲得父母贊同。她私下可能想，希望媽媽會關心她而拒絕她。我覺得她很像一個意志堅強又聰明的女孩，如果大人同意，她可能可以穿高跟鞋走去車上，但以後可能還會有新的測試。

無須與孩子互鬥，我建議父母可以用冷靜關愛的態度，為孩子設限：「我知道妳喜歡穿我的鞋走路，在我們家這樣做很安全，但現在不能這樣做。妳是想穿自己的鞋或光腳？」如果她沒有優雅地接受這個建議，她可能會釋放其他一些醞釀已久的感受。

過渡時期的設限。幼童在過渡時期往往會出現一些困難，這通常表示他們需要比獨玩的時候得到更多指示和更少選擇，心裡才會自在。孩子還是需要獨立自主的機會，例如選擇是否不穿自己的鞋子走上車子（如果有這樣的選擇），或是選「你要走路或大人抱？」但為了讓孩子可以探索「變得像媽媽一樣」，而使其他人空等，那等於是在放縱孩子，讓他們得到過多權力而不舒服。

困擾因素

教養和管教的重點在於發展親子間的重要關係，就長遠來看，會影響孩子未來的人際關係、親密關係，而親子的關係是牽涉到雙方的。父母的需要和感覺，以及孩子的需要和感覺，都是一樣重要的。是的，身為父母必須有許多犧牲，但最終，親子關係必須對雙方都有助益才行。

我們大人身負重則大任，唯有我們能夠保護親子關係，不使這段關係變得互相怨恨、不誠實、不信任、不喜歡。因此我相信，設定限制可以防患於未然。意思是說，只要有可能，我們不能讓孩子可以自由、隨意地做出激怒我們的行為。（不過，孩子抒發情緒的時候不算，孩子發脾氣的確很煩人，但我們不能也不應該不准孩子抒發情緒。）

如果我們不希望女兒玩我們的鞋子，我們就不應該准許這件事。我們要把自己放在親子關係之前，不需要感到內疚，相反地，我們應該感覺很好。

為了使孩子更不會困擾我們，我們應該在孩子遊戲的時候，不要讓孩子有機可乘，不要讓孩子有機會製造問題。因此，一個安全而封閉的空間是非常重要的，這樣的空間可以讓孩子自由滿足自己健康、本能的需求，既不會造成我們的困擾，也不必聽我們一直去干擾他們（以免他們不聽話）。嬰兒的工作就是要探索一切事物，但如果我們總是說「不」，總是不讓孩子動手，我們就會變得越來越煩人。

此外，當我們違背意志，讓孩子隨便做一些其實我們不願意他們去做的事，最後可能會爆炸的就是我們，這樣會很危險。

難道我們希望孩子長大以後，認為自己是討人厭、不受歡迎的人嗎？這樣一來，你可能就會變成瑪德．葛柏所說的這種人：

「要儘量與自己的內在節奏協調，明白你的需求是什麼，將之傳達給你的家庭，可幫助家人學習如何尊重你的需求。為了孩子而經常犧牲自己的需求，將會制造雙方內在的怨氣。」

——瑪德．葛柏，《親愛的父母：懷著尊重照顧嬰兒》

（*Dear Parent-Caring for Infants With Respect*）

希望能為你帶來一絲希望。

溫暖的祝福。

珍娜

【第三十章】無內疚管教法（一個成功的故事）

家長們往往不願給孩子設定限制，因為他們不想面對孩子抵抗的負面反應（不過我想不通）。孩子不快樂，我們也不會快樂，如果我們覺得自己是造成孩子不快樂的原因，感覺會很糟糕。我們可能會感到內疚，擔心孩子會失望或憤怒，或擔心因為我們不答應他們做某些事而讓他們覺得不再被愛。

簡直大錯特錯。

以誠實和尊重的態度為孩子設定限制，這才是提供安全感最可靠的方法，這才能帶給孩子一輩子的幸福和自由。

我非常高興，使用RIE教養法的讀者總是帶給我正面的回饋。史蒂芬妮寄了一封信給我，在她分享的經驗中，精闢地說明了成功、尊重孩子的管教所需要的三個重要基本要素：

1. **尊重的溝通**。即使是最年幼的嬰兒，我們都要直接而誠實地干預，不能使用分散他們注意力或耍花招、哄騙等其他會使親子關係疏離的不誠實反應和操縱。

2. **及早設定限制**。我們有所困擾，但不要等到困擾發展成沮喪或憤怒，才發覺困擾是一個訊號，因此我們需要設定限制。我們知道，負面情緒的侵害會使親子之間的關係失衡，因此我們要正面肯定設限，那表示我們是愛孩子的。

3. **貫徹一致**。我們認識到，即使孩子已經充分了解，但口頭指示和要求往往還是不夠的。因此，我們要向孩子保證，我們會懷抱信心，溫和堅定地「幫助」孩子。

史蒂芬妮的故事

我想要寫這封信，敘述昨晚我與兩歲女兒的互動。我下班回家和先生說話的時候，女兒開始把乾淨的衣服從洗衣籃裡倒到地板上。起初我沒想過要給女兒設定限制，因為這不是什麼攸關安全的問題，但後來我覺得自己越來越不高與，所以決定放手去做，阻止女兒把乾淨的衣服拖到地板上弄髒。

我蹲下來，讓自己和她一樣高，並對她說：「我不會讓妳把衣服拖在地板上。我不想要再洗一次衣服。」我輕輕地從女兒手中拿走衣服，她伸手來抓我手裡的衣服。我輕輕撥開她的手說：「我不會讓妳拿走這些衣服。我會把衣服拿到別的地方。」她哭了大約十秒鐘，然後就回去玩她的廚房組合。

雖然我自己是相信尊重的管教方式，但是與女兒如此互動仍然會使我感到驚奇。我與女兒溝通竟能這樣輕鬆，這樣真誠，我好愛這樣和平安詳的家。

過了一會兒（最好的部分在這裡）吉娜維芙走過來給了我一個擁抱。然後她說了一句很令我感動的話：「我好快樂，我好快樂，媽媽。」她真的是這樣說！

「設定限制」幫助我的孩子感受到安全和快樂。感謝妳給予我的所有幫助，指導家長懷抱著愛，為孩子設定限制。

非常感謝史蒂芬妮和吉娜維芙，讓我可以分享妳們鼓舞人心的體驗！

【第三十一章】　尊重的教養不是被動式管教

對於教養和管教，有一個最常見也是最重大的誤解，就是為了使孩子有安全感，必須為孩子設定限制。

我接到一位讀者的電子郵件，討論關於一篇打人的文章，這篇文章再度提醒我，原來我們大家對於這個主題還是理解得不太清楚。

像很多人一樣，我每天都為了這個問題而感到苦惱。雖然我大致覺得自己面對事情所呈現的反應，是走在正確的軌道上，但當下事情發生的時候，旁邊還有祖母或其他人正在看著妳，而他們叫著說：「不可以這樣打你媽媽！」我還依然要保持風度，喜怒不形於色，實在是一項艱鉅的任務。

我對於「我不會讓你……」這個方法心裡一直有疑問。我兒子正值幼兒期，體型看起來很強壯，比實際年齡要大。我的身材嬌小，想要努力控制兒子的舉動實在不是一件容易的事。在我嘗試妳另一個方法的時候——「你可以自己進來嗎，還是要我幫你？」——我發現這個方法更困難。

如果想抱起孩子，孩子卻踢人、打人、咬人，但我們又不能一走了之，接下來該怎麼辦？

莎拉

我經常會用情緒不受影響、冷靜、就事論事這些詞句來幫助家長了解，如果對孩子的行為產生強烈反應，往往會適得其反。我們的孩子必須知道，父母和照護者不能因為孩子的不當行為而發脾氣，這樣孩子才會安心，知道自己的力量沒有超過所依賴的領導者，表示他們受到很好的照顧。

如果一個兩、三歲孩子正常而健康測試底線的行為，會引起大人的恐懼或憤怒，孩子將無法感受到安全。

因此，莎拉的說法便令我感到有點費解，然後我發現，情緒不受影響、就事論事（或甚至是尊重），很容易會被旁人誤解為是消極被動，而不是充滿信心地掌控全局。這提醒了我，消極被動是最常見的一種無效的處罰方式。

以下是我的回信：

莎拉：

如果我孩子的祖母叫道：「不要那樣打你媽媽！」我會附和她說：「對，不可以打你媽媽！我不會讓你這樣做。」我的反應不會來自於憤怒，而是出於堅定的保證，保證我會幫助我的孩子。妳認為妳可能會把情緒不受影響、就事論事，錯認為是消極被動或懦弱嗎？我覺得聽起來，妳兒子似乎需要妳給他更多自信領導的保證。

妳說妳的孩子很強壯，但妳比他更強壯，不是嗎？如果幼兒覺得父母用力還擋不住他，也不能把他抱起來，這樣只會讓他感到不安，甚至會很害怕。

由於我只得到妳的隻字片語，很難給妳什麼建議，但我知道妳兒子的行為表明，他沒有得到他所需要的幫助、安慰和堅定的回應。

我也建議妳要確定，妳是否會提早做好準備，幫助他度過轉換時期，並且誠實而尊重地與他說話。

有兩種極端管教方式無法滿足幼兒的需求。第一種是過度嚴格、處罰性的、不具有同理心的，這種方式會以具有處罰性的管教和其他操縱手段來控制家庭成員。他們認為孩子是天生壞胚子，無法自我控制，因此會利用恐懼和羞恥來限制孩子的行為。他們要求孩子必須尊重大人，但不在乎孩子是否相信他們，也不會從孩子出生起就以尊重的態度來對待孩子。

在光譜另一端的第二種方式則相反，這些父母沉默寡言，不參與任何爭執，窮極努力去規避孩子的抵抗。這些家長希望幼兒會接受所有他們設定的限制，所以限制往往很輕微無力，設限的時候可能還會膽怯地問孩子：「這樣做你可以接受嗎？」

這樣的父母也許是太在意孩子的感受，所以他們很努力想要讓事情圓滿，讓孩子快樂。這些父母的想法可能是：只要有可能，就要盡力避免情緒爆發。父母會合理化為：我現在想要自己單獨去上洗手間，但其實情況還好，我並不是真的需要上洗手間；因為我要愛麗絲自己決定準備好要坐進她的汽車座椅，所以遲到一點沒關係，我不能強迫她。

有些父母會誤解，但其實健康的幼兒不但需要抒發強烈的情緒，也需要透過完全抵制父母的要求，才能盡情表達自己的意願。

這些家長可能是因為擔心孩子在精神上感到有壓力，或是如果與孩子的意志有所衝突，孩子就不再會愛他們，所以他們會哄騙或分散孩子的注意力，使孩子的行為與他們的想法相一致（或停止他們不希望的行為），而不想冒風險，變成拒絕孩子的壞人。

「基本上，大多數家長因為害怕與孩子爭奪權力，而害怕管教孩子。他們害怕壓迫孩子，破壞孩子的自由意志和個性。這是錯誤的態度。」

——瑪德・葛柏

被動的家長往往會給孩子太多選擇，在孩子需要明確而誠實干預的時候，他們卻還在分析利弊，反應模糊不清。以下是個很極端的例子：一個孩子動手打同伴，父母卻還問孩子：「這個選擇好嗎？」這令人難以置信，但卻是我親眼所見。

對敏感的父母來說，孩子流下的每一滴淚都會往他們心裡去。但父母就算再關心孩子、照顧孩子，孩子依然會持續測試父母的底線。這是必然的，因為孩子沒有得到所需要的幫助。

「若父母過度縱容孩子，孩子將得不到直接而誠實的回應，也就絕不可能幸福快樂。……拒絕孩子的時候，一定要認真以對，父母的臉部表情和身體姿勢是瞞不了孩子的。」

——瑪德・葛柏

這樣的孩子不知該如何是好，經常會覺得心裡不舒服。他們沒有健康的應對和應變能力，索求、哭鬧、發脾氣的情形也比較多，甚至會讓最溫柔善良、最愛孩子的父母都受不了。「我們這麼尊重孩子、關愛孩子，對孩子如此寬容，為什麼孩子還要一再刺激我們？」但孩子的行為可以說是父母努力取悅孩子、刻意維繫平靜安詳的態度所造成的。

如果父母不停止被動式的管教，這些孩子可能會成為不受歡迎的人物，不僅父母會受不了，同伴、老師、家人、朋友也無法忍受。

「管教孩子的時候有一個正向的目標，就是要努力讓孩子為我們所愛，同時我們也愛有這個孩子的陪伴。」

——瑪德．葛柏

猜猜看，以上兩種管教方式的哪一種，我用來幫助父母的次數較多？或許是因為RIE教養法裡面說要「跟隨孩子」，造成家長在辨識角色上顯得有些模糊。我們鼓勵家長要尊重自己的孩子，根據孩子天生的發展時間表和遊戲的本能，相信孩子可以發展自己的能力。

家長擔任孩子發展促進者的角色，而不是老師，我們要學會觀察，要練習做到不阻礙孩子，但不阻礙不代表不主動管教孩子，家長的心中要時時有所覺察，這就是正念。

【第三十二章】付諸行動的溫和教養

「分散孩子注意力，引導孩子改變方向，無法讓孩子受騙上當。暫時隔離和獎勵也無法激勵孩子。」

這是一個聰明活潑小孩的故事，他有一對極其慈愛的父母，不過這對父母卻覺得自己的家庭「失去控制」。其實只需要一些簡單的作法，就可以幫助他們了解如何將兒子視為一個完整的人、與兒子溝通、尊重兒子並設定限制。這個家庭做了以下這些事，結果大大改善了狀況：

1. 尊重，誠實，以第一人稱說話。

2.接受慾望與感受。

3.保持方向明確、清楚。

4.說話語氣有自信，實事求是，不懷疑。

5.態度溫和。例如，孩子動作激烈的時候，握住孩子的手（腳），對他說：「我不會讓你打人。」如果我們不堅持到底，孩子不會認真看待我們的指示。

6.減少孩子看電視的時間，不給孩子玩過度刺激的玩具。

7.相信孩子有能力積極解決問題。

以下這封信來自於克莉絲汀，信中傳達了美好的特殊性和直覺，令人欣喜：

親愛的珍娜：

十天前我造訪了妳的部落格，從此我的生活完全發生了改變。一名臉書好友分享了妳的文章〈你家小孩對於守規矩的想法〉，我看了簡直像被雷劈中，接下來花了足足兩天時間閱讀妳的作品，一有時間我就盡量看，一直看到妳二〇一〇年發表的文章。

我的兒子尼基現在兩歲九個月大，從小到大，他就是大雞晚啼。他的發育一切都很正常，只是比一般孩子要晚三分之一的時間。我們帶他去看醫生和專家，一切都很健康，他只是依照自己的時間表在運作。

他的個性很強，脾氣火爆，這份天賦也是一個詛咒，來自於我。由於他的口語發展還沒有成熟，於是他發展出其他方式來表現自己的挫折，結果經常受到誤解，甚至我必須很遺憾地說，還會受到忽視。這是一個惡性循環。我們越是無法發覺他的挫折，他的行就會變得越糟糕；他的行為越糟糕，我更會去處罰他，而他爸爸就會越寬容他。

兩週前，我和先生坐在廚房餐桌前面相視而泣，我們都很不滿意自己的變化，覺得這個家庭幾近失控邊緣。

我曾經尋求外援，但似乎沒有什麼幫助。我們想辦法分散孩子的注意力，引導孩子改變方向，但孩子沒有受騙上當。暫時的隔離和獎勵也沒有激勵到孩子。我得到的最多建議是，這是因為在他的年紀還沒能發展出足夠的語言能力。我所能找到的專家意見，都是為特殊需求兒童所提出的語言發展遲緩建議。能發現妳的部落格和RIE，讓我放下心中好大一塊石頭。

我終於找到一種方法，可以與我口語發展不全的孩子內心那個完整的人來溝通。

我讀了妳的部落格之後，發現的第一件事是，我對他說的話，對他來說是多麼模糊不清。我下指示的時候聽起來好像是在問問題，還用第三者口吻。例如我會這樣說：「不要打人，好不好？」或「媽媽說，在沙發上跳來跳去的時間結束了喔。」可是現在我只需要簡單地說：「我不會讓你這樣做」，或「我現在要把這個拿走了」兒子就會合作，我真的好驚訝。

光看到這個變化，我就已經五體投地了。我開始接受他的想法，也用第一人稱講話。我開始可以分辨他所感受到的負面情緒。他想要打人、推人、丟東西的時候，我會抓住他的手或腳，輕聲告訴他：「我不會讓你這樣做。」在他用力尖叫表達憤怒情緒的時候，我會安靜坐在他旁邊，陪著他度過。我把房子從裡到外檢查了一遍，從他的玩具中清出兩打電池。我從不讓他看電視，我也不再給他玩 iPad。

才不過僅僅十天，現在想起來，我和先生在廚房一起哭泣的情景，感覺彷佛已經是上輩子的事了。兒子變得越來越少發脾氣，越來越願意合作，人也快樂多了，更積極投入身邊的人事物。現在他連話也變多了，完成了一件事後，他會告訴我「了解」；不高興的時候，他會說「難過」。

我先生回到家看到的是一個越來越和樂的家，他要我告訴他，我學會了什麼。他不再害怕兒子情緒激動，也學會設定限制，還能接受孩子的感受。

星期五晚上，妳的方法在我們家起到了一個很重大的效用。當時我正在用筆記型電腦，尼基想要坐到我腿上。他一如往常開始踢我的電腦。我學以致用，伸手將他的腳攔截在電腦前面，我告訴他：「你想踢我的筆記型電腦，但我不會讓你這樣做。我知道，我不讓你做一些事的時候，你會很不高興。」

我們這樣你來我往了幾次，接著尼基收回腳，再慢慢伸出來，伸到我的筆記型電腦上面晃來晃去，說：「飛機。」他就這樣一直揮舞著他的腳，沒有再踢電腦，而是不斷繼續說著「飛機，飛機」，而我則笑著跟他說，飛機飛在電腦上面。我簡直不敢相信我們和平解決了這種情況。

自那天起，他漸漸養成習慣，以「飛機」這種形式來應付不可以碰的東西，他會用手或腳在東西附近繞來繞去，但是不碰到東西。看見兒子自發性地解決了這個問題，我真是太為他感到自豪了。

珍娜，妳的文章不僅改變了我的生活，還拯救了我的家庭。現在我們享受兒子帶來的樂趣，而不是數著還有幾小時讓兒子上床睡覺。我知道，在這個旅程中仍有許多工作要做，但我很高興，心裡充滿了希望。

克莉絲汀

【致謝】

感謝瑪德・葛柏，以智慧和精神轉化了我的生活。瑪德的孩子——梅約、黛西和本斯（Mayo, Daisy, and Bence），你們的大力支持始終是我的無上榮耀。

莉薩森伯里（RegardingBaby.org）一直都是我在網路上的「另一半」和先驅伙伴。

所有網路世界的相關人員、博客主人、ECE（Early childhood education）早期兒童教育同好人士，是我們一起改變了世界。

來上我課的家庭，感謝你們的信任、啟發和鼓勵。雖說你們向我學習，但我從你們身上卻學到更多。

感謝願意慷慨分享的各位讀者，謝謝你們的故事和信件。你們總是照亮我的每一天。

感謝麥克，致力於編輯工作，擔任出版者，和我一起擔當家長職責，還有很多很多。

感謝我的孩子夏綠蒂、瑪德琳和班，我為你們感到自豪，謝謝你們。感謝你們教會我生活的樣子，使得ＲＩＥ和我看起來都非常不錯。

【建議書單】

Your Self-Confident Baby, Magda Gerber, Allison Johnson. Published by John Wiley & Sons, Inc. (1998)

Dear Parent: Caring for Infants With Respect, Magda Gerber. Published by Resources for Infant Educarers (2002)

No-Drama Discipline, Daniel J. Siegel, M.D. & Tina Payne Bryson, PhD. Published by Bantam (2014)

1,2,3···The Toddler Years, Irene Van der Zande. Published by Santa Cruz Toddler Care Center (1986)

Siblings Without Rivalry, Adele Faber & Elaine Mazlish. Published by W.W.

Norton & Co (2012)

The Emotional Life of the Toddler, Alicia F. Lieberman, Ph.D.. Published by The Free Press (1995)

How To Talk So Kids Will Listen & Listen So Kids Will Talk, Adele Faber & Elaine Mazlish, Published by Avon Books (1980)

Infants, Toddlers, and Caregivers, Janet Gonzalez-Mena, Dianne Widmeyer Eyer. Published by Mayfield Publishing Company (1997)

Raising Your Spirited Child, Mary Sheedy Kurcinka, Published by Harper-Collins (2012)

Say What You See For Parents and Teachers, Sandra R. Blackard. Published by Language of Listening (2012)

網站

RegardingBaby.org

MagdaGerber.org

TeacherTomsBlog.blogspot.com

國家圖書館出版品預行編目（CIP）資料

設限與管教：瑪德葛伯教你允許孩子犯錯的勇氣 / 珍娜・蘭斯柏（Janet Lansbury）作. -- 初版. -- 新北市：世茂, 2016.09
面；　公分. --（婦幼館；156）
譯自：No bad kid: toddler discipline without shame
ISBN 978-986-93178-5-6（平裝）

1. 親職教育　2. 子女教育

528.2　　105011854

婦幼館 156

設限與管教：瑪德葛伯教你允許孩子犯錯的勇氣

作　　者／珍娜・蘭斯柏
主　　編／陳文君
責任編輯／楊鈺儀
封面設計／戴佳琪（小痕跡設計工作室）
出 版 者／世茂出版有限公司
地　　址／（231）新北市新店區民生路 19 號 5 樓
電　　話／（02）2218-3277
傳　　真／（02）2218-3239（訂書專線）・（02）2218-7539
劃撥帳號／ 19911841
戶　　名／世茂出版有限公司　單次郵購總金額未滿 500 元（含），請加 80 元掛號費
世茂網站／ www.coolbooks.com.tw
排版製版／辰皓國際出版製作有限公司
印　　刷／世和印製企業有限公司
初版一刷／ 2016 年 9 月
　　五刷／ 2021 年 12 月

定　　價／ 320 元

NO BAD KIDS: TODDLER DISCIPLINE WITHOUT SHAME
by
JANET LANSBURY

Printed in Taiwan

黏貼處

廣告回函
北區郵政管理局登記證
北台字第 9 7 0 2 號
免貼郵票

231新北市新店區民生路19號5樓

世茂
世潮 出版有限公司 收
智富

世茂好書．豐富心靈
世潮精典．智慧同行

電話：(02) 22183277
傳真：(02) 22187539

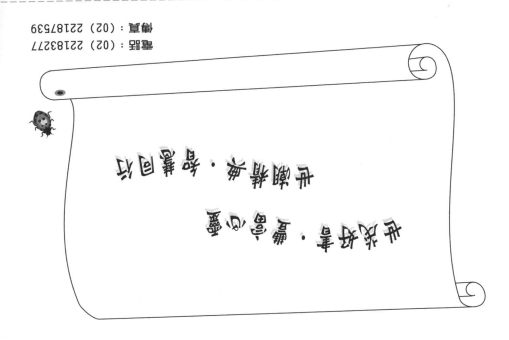

黏貼處

請沿虛線剪下裝訂寄回，謝謝！

讀者回函卡

感謝您購買本書，為了提供您更好的服務，歡迎填妥以下資料並寄回，我們將定期寄給您最新書訊、優惠通知及活動消息。當然您也可以E-mail：service@coolbooks.com.tw，提供我們寶貴的建議。

您的資料（請以正楷填寫清楚）

購買書名：＿＿＿＿＿＿＿＿＿＿＿＿＿＿＿＿

姓名：＿＿＿＿＿＿＿＿ 生日：＿＿＿ 年 ＿＿ 月 ＿＿ 日

性別：□男 □女 E-mail：＿＿＿＿＿＿＿＿＿＿＿＿

住址：□□□＿＿＿縣市＿＿＿＿鄉鎮市區＿＿＿＿路街

＿＿＿段＿＿＿巷＿＿＿弄＿＿＿號＿＿＿樓

聯絡電話：＿＿＿＿＿＿＿＿＿＿＿＿＿＿

職業：□傳播 □資訊 □商 □工 □軍公教 □學生 □其他：＿＿＿

學歷：□碩士以上 □大學 □專科 □高中 □國中以下

購買地點：□書店 □網路書店 □便利商店 □量販店 □其他：＿＿＿

購買此書原因：＿＿ ＿＿ ＿＿ ＿＿ ＿＿ ＿＿（請按優先順序填寫）

1封面設計 2價格 3內容 4親友介紹 5廣告宣傳 6其他：＿＿＿

本書評價：＿＿ 封面設計 1非常滿意 2滿意 3普通 4應改進

＿＿ 內　　容 1非常滿意 2滿意 3普通 4應改進

＿＿ 編　　輯 1非常滿意 2滿意 3普通 4應改進

＿＿ 校　　對 1非常滿意 2滿意 3普通 4應改進

＿＿ 定　　價 1非常滿意 2滿意 3普通 4應改進

給我們的建議：＿＿＿＿＿＿＿＿＿＿＿＿＿＿＿＿

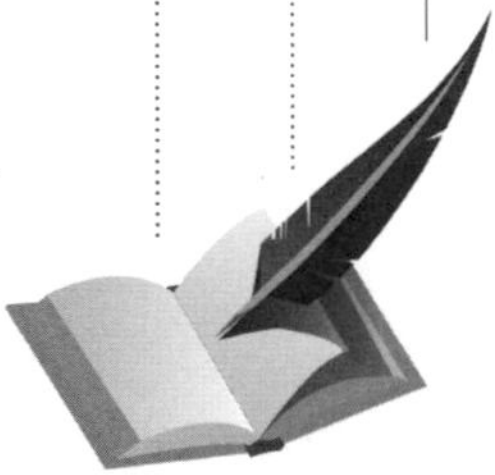

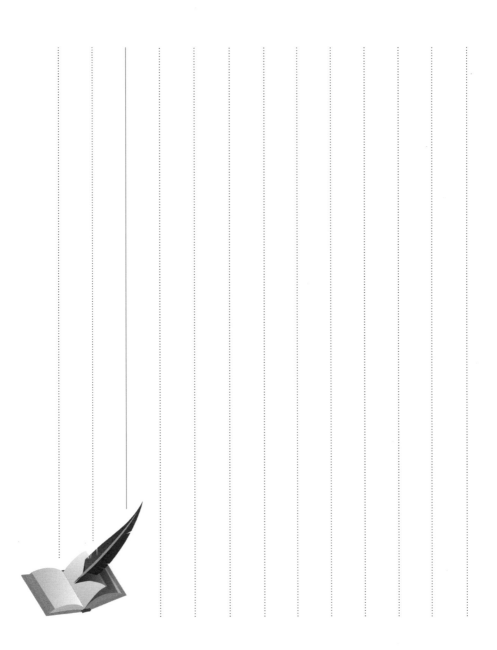

Note

Note